Ernst Windbichler

# Geistliche HALTESTELLEN im Kirchenjahr

Ernst Windbichler

# Geistliche HALTESTELLEN im Kirchenjahr

## Predigten zu den Festtagen

Fromm Verlag

**Impressum / Imprint**
Bibliografische Information der Deutschen Nationalbibliothek: Die Deutsche Nationalbibliothek verzeichnet diese Publikation in der Deutschen Nationalbibliografie; detaillierte bibliografische Daten sind im Internet über http://dnb.d-nb.de abrufbar.


Bibliographic information published by the Deutsche Nationalbibliothek: The Deutsche Nationalbibliothek lists this publication in the Deutsche Nationalbibliografie; detailed bibliographic data are available in the Internet at http://dnb.d-nb.de.


Coverbild / Cover image: www.ingimage.com

Verlag / Publisher:
Fromm Verlag
ist ein Imprint der / is a trademark of
OmniScriptum GmbH & Co. KG
Bahnhofstraße 28, 66111 Saarbrücken, Deutschland / Germany
Email: info@frommverlag.de

Herstellung: siehe letzte Seite /
Printed at: see last page
**ISBN: 978-3-8416-0622-8**

## Inhaltsverzeichnis

**Vorwort des Autors**

Liebe Leserin, lieber Leser!

Kein Buch sollte es werden, keine anstrengende theologische Lektüre, keine philosophischen Ergüsse, nein, nur ein kleiner Querschnitt davon, was Pfarrer das Jahr über am öftesten tun, nämlich predigen.
Sonntag für Sonntag, an Fest- und Feiertagen, von der Wiege bis zur Bahre.
Das klingt beim ersten Hinhören vielleicht für manche negativ: Die Strafpredigt, die Moralpredigt, jemandem die Leviten lesen, lang und langweilig, eine sonn- und feiertägliche Pflichtübung, die eben zum liturgischen Programm gehört, ob es einem gefällt oder nicht.
Ich habe mich immer bemüht, diesen Eindruck zu vermeiden und so zu reden und zu schreiben, dass es zuerst mir selbst einsichtig und verständlich erscheint, manchmal auch mit einem Schuss Humor versehen, damit mein Name - Ernst - nicht allzu sehr zum Programm wird. Manchmal war es ein mühsames Ringen um Worte, dann wieder ging es leichter von der Hand, da ein Geistesblitz, ein Einfall, von wo auch immer, dort ein guter Gedanke, gelesen, aufgeschnappt, gemerkt. Und vor allem - nicht zu lang. Der Ratschlag eines alten Pfarrers blieb mir in Erinnerung: „Du kannst über alles predigen, nur nicht über zehn Minuten!".
Früher war es in manchen Gegenden üblich, nach der Predigt „Vergelt's Gott" zu sagen, ganz gleich, wie sie ausgefallen war. Das macht man heutzutage nicht mehr. Aber doch fragt hie und da einmal jemand, ob es diese Gedanken nicht schriftlich gibt. Dann merke ich oft einen Widerstand: Schwer geborene Kinder gibt man nicht gern und leicht aus der Hand. Und außerdem sind Predigten ja zum Hören und nicht zum Lesen gedacht.
Andererseits erlebe ich wieder, dass kirchliche Sprache oft abgehoben und weltfremd daherkommt. Es gibt immer weniger Menschen, die liturgisch so sattelfest sind, dass ihnen die Lieder und der feierliche Ablauf genügen. Sie möchten gerne eine Lebens- und Glaubenshilfe für ihren Alltag mitnehmen, einen geistlichen und seelischen „Snack" für unterwegs. Vielleicht kann das dann dazu beitragen, es auch mit dem Rest der kirchlichen Speisekarte einmal zu versuchen.
Diesem Anliegen sollen die folgenden Seiten dienen, und ich kann dazu nur eine gesegnete Mahlzeit und einen guten Appetit wünschen bei meinen Predigten zu den kirchlichen Festtagen!

Pfarrer Ernst Windbichler

## 1. Adventsonntag

### Bahnhof

Advent heißt: Ankunft! Ankunft Gottes bei den Menschen damals im Bethlehem mit Haut und Haaren. Heute oft geheimnisvoll spürbar und erfahrbar. Einmal in Fülle und für immer erhofft und erwartet. Aber auch umgekehrt: Ankunft des Menschen bei Gott, persönlicher Zieleinlauf meines Lebens im endgültigen Heimatbahnhof.

Ach ja, der Bahnhof! Menschen wie ich, deren Abkunft entlegene Bergtäler sind, verbringen dort im Laufe ihres Lebens viel Zeit, um die Abfahrtspläne der Züge zu studieren. Die Ankunft ist nebensächlich. Als junger Mensch hat man ja immer Angst, etwas zu versäumen, nicht nur den Zug. Mit zunehmenden Alter aber zählt die Ankunft: Wann? Wie? Wer wird mich abholen?

Die Abkunft hinter sich lassen, die Zukunft bewältigen, die Ankunft in den Blick nehmen: Seit der Niederkunft jenes Einen ist uns da jene lebensbedrohliche Angst genommen, die oft so lähmend ist. Die Frage ist nur, ob wir ihm auch Unterkunft gewähren in unseren Gedanken, Worten und Taten, ob die Herberge der Herzen verschlossen ist wie damals, ob sein Klopfen gehört wird. Zwischen seiner Niederkunft und Wiederkunft liegt die Zeit der Bewährung. Diese seltsame Auskunft löst bei vielen Kopfschütteln aus und sie verstehen immer nur: Bahnhof.

Bahnhöfe sind meist sehr laute Orte mit viel Unruhe und Bewegung aber auch mit Wartezeiten. Obwohl man den Advent, je hektischer umso mehr, als stille Zeit ersehnt, könnte er doch, bahnhofsgleich, erfüllte Wartezeit werden, wo Gedanken in Bewegung geraten, Unruhe spürbar und Sehnsucht bewusst wird. Aus welchem Zug muss ich aussteigen, in welchen einsteigen? Reicht das Reisegepäck meines Lebens? Nehme ich den Schlafwagen oder den Speisewaggon? Setze ich mich mit dem Rücken oder dem Gesicht zur Fahrtrichtung? Die Stimme aus dem Lautsprecher: „In Kürze fährt der Zug ein!". Wie viel Zeit bleibt mir noch?

Ich weiß, unbehagliche Gedanken zwischen Weihrauchduft und gebratenen Äpfeln. Aber so ist das Leben: Es fragt nicht nach Stimmungen. Advent ist immer, auch unterm Jahr.

In diesem Sinne ist es vielleicht gar nicht so schlecht, wenn bei solchem Reden vom Advent immer mehr Menschen nur mehr eines verstehen: Bahnhof!

**2. Adventsonntag**

**Gelegenheit, im Zurücktreten Fortschritte zu machen**

In großen Hauptbahnhöfen ertönt kurz vor Eintreffen des Zuges die Stimme aus dem Lautsprecher: „Bitte zurücktreten. Der Zug fährt in Kürze ein!"
Am Bahnsteig längst ersehnt, trifft die Aufforderung zum Rücktritt aber sonst nicht immer auf ungeteilte Zustimmung. Gerade im Umfeld von Wahlen werden sie besonders oft, und eher unhöflich und unsanft ausgesprochen, befolgt oder widerrufen, die Rücktrittsaufforderungen. Einem glanzvollen einmaligen Auftritt folgt oft ein unrühmlicher Abtritt.
Im Advent, in der erfüllten Wartezeit am Bahnsteig des Lebens, hören wir ihn ähnlich, manchmal aufdringlich laut bis schmerzhaft, manchmal nur leise spürbar und ahnbar, den Ruf von oben: *Bitte zurücktreten! Du Mensch, du bist nicht der Mittelpunkt des Universums, es gibt Höheres, Tieferes, Größeres als du selbst.*
In vorweihnachtlicher Zeit werden uns jedes Jahr Menschen vorgestellt, die Profis sind im Zurücktreten, oder besser gesagt, im sich selbst Zurücknehmen. Johannes der Täufer zum Beispiel, der mit seinem Leben auf den kommenden Messias hinweist. Vor seiner Größe tritt er zurück, betrachtet sich sogar als unwürdig, seine Schuhriemen zu öffnen (Mk 1,7). Oder die Gottesmutter Maria, deren Erwählung wir im Advent feiern: Sie tritt zurück von eigenen Lebensentwürfen, wird zur Magd des Herrn, an der Sein Wort geschehen soll (Lk 1,37).
Das klingt seltsam in einer Zeit, in der nur Fortschritt und Aufstieg zählt, dass es da auch eine Karriere nach unten geben soll. Aber es ist letztlich nur logisch und eine Vorwegnahme dessen, was dann zu Weihnachten geschieht und gefeiert wird: Dass der Höchste selbst die Karriere nach unten betritt und Mensch wird. Erst im Tod wird diese Karriere aufgefangen und endgültig verwandelt.
Für jeden von uns ist es deshalb tröstlich und beruhigend, dass nicht nur die Stunden im Rampenlicht die Kriterien sind, nach denen mein Leben bewertet wird. Noch mehr und wertvoller und bereichernder können oft die Tage und Nächte sein, in denen man Versagen spürt und Schwäche, in denen man nicht nur zum Rücktritt aufgefordert, sondern gezwungen wird: durch einen Schicksalsschlag, eine Krankheit, eine Enttäuschung. Gerade hier dürfen wir uns begleitet und verstanden wissen.
Der Advent: Chance des Einübens in den Rücktritt, damit der letzte Schritt meines Lebens nicht ein Abtritt, sondern ein bewusster Übertritt und freudiger Eintritt werden kann.

**Maria Erwählung, 8. Dezember**

**Ganzheitliche Schönheit**

„Gegrüßet seist du Maria, voll der Gnade, der Herr ist mit dir", wie oft haben wir sie schon gebetet, diese Anfangsworte des Ave Maria, hunderte und tausende Male, wie oft wird so gesprochen, Millionen Mal jeden Tag, ganz privat und gemeinsam, daheim, in der Kirche, an den Marienwallfahrtsorten, von Fatima, Lourdes bis nach Medugorje. Heute hören wir es wieder einmal direkt von der Quelle her, woher dieser Gruß stammt. „Gegrüßet seist du Maria, voll der Gnade" - mit diesen Worten begrüßt der Erzengel Gabriel das Mädchen Maria, wohnhaft in Nazareth und Verlobte des Zimmermanns Josef, ebenfalls aus Nazareth. Den ersten Schritt auf diese Welt zu, den macht immer Gott selber, er ergreift die Initiative. Deshalb ist auch das heutige Marienfest zuallererst ein Fest für ihn, der mit uns Menschen Kontakt aufnimmt in ganz einmaliger, unüberbietbarer und auch unverdienter Weise. Er handelt, und er erwählt. Und er schaut sich alle Menschen an in einem einzigen Augenblick und Überblick und wählt dieses Mädchen Maria.
Erst wenn wir das bedacht haben, dürfen wir jetzt unseren Blick auf Maria richten und sie feiern. Wir feiern sie, weil sie für Gott nicht nur einen kleinen Platz in ihrem Herzen, in ihren Gedanken, in ihrem Alltag übrig hat, einen Abstellraum vielleicht, nein, sondern: Sie war voll der Gnade. So hat es der Engel gesagt, sie war ganz erfüllt von ihm und ganz offen für ihn.
Wer von uns kann das schon über sich behaupten? Irgendwo sind wir alle in einem Winkel unseres Herzens Egoisten, haben uns oft verschlossen vor Gott und voreinander, haben unsere blinden Flecken und unsere toten Winkel. Wir spüren zwar oft diese Ferne, die Sehnsucht, spüren aber auch, wie wir oft in diesem ganzen Unheil dieser unvollkommenen Welt wie in einem Netz gefangen sind, aus dem wir aus eigener Kraft nicht herauskönnen. Und immer noch hat das Böse eine geheimnisvolle Faszination und eine, wie es scheint, unausrottbare Ansteckungskraft. Der Virus des Bösen, der keinen Menschen verschont. In der kirchlichen Dogmatik hat sich dafür der heute etwas antiquiert wirkende Begriff „Erbsünde" herausgebildet.
Nicht so Maria, das will uns das heutige Fest in Erinnerung rufen: Sie ist die erste und einzige der Menschen, die aus diesem Unheilszusammenhang herausgenommen wird. Sie ist die, für die Gott den Kreislauf der Sünde, der Bosheit, der Gewalt durchbricht. Sie ist ohne diese Verflochtenheit in die dunklen Machenschaften dieser Welt geboren, denn wie ist es sonst zu erklären, dass aus ihr der Messias, der neue Mensch, der Gott in Person in Fleisch und Blut zu uns kommen soll. *Die ohne Erbsünde empfangene* wird sie deshalb genannt. In ihr und durch sie wird endlich wahr, worauf die Menschen schon seit Jahrtausenden gewartet haben: Dass es ernst wird, dass Gott seine Welt heimführt.
Wie gesagt: Gott feiern wir zuerst, und dann Maria, und wenn wir Maria feiern, dann dürfen wir immer auch uns selber feiern, denn ihre Erwählung ist unsere Erwählung. Wenn Gott sie anschaut, dann schaut er uns alle an, dann gibt er uns Einblick und Aufschluss, was er seit jeher mit dieser Welt und Menschheit vorgehabt hat. In allen Irrwegen und Holzwegen unserer Unheilsgeschichte entfaltet er seine Heilsgeschichte, da hält er zu uns, steht zu uns, da geht sein Plan in Erfüllung.
In Maria erfahren wir so auch, dass Gott derjenige ist, der seine Versprechen und seine Zusagen einhält, die er durch Propheten und andere von seinem Geist erfüllte Menschen gegeben hat. So ist sie für uns auch ein Zeichen der Hoffnung in all unseren Niederlagen und Beschwerden. Auch in unserer persönlichen oft so dunklen, aussichtslosen, verzwickten Lebensgeschichte ist er am Werk.
Maria kann uns aber auch eine gute Anregung sein, unser Innenleben wieder neu ernst zu nehmen. Der Engel sagt ja: du bist voll der Gnade. Oder, wie es in einem Marienlied heißt: *„Tota pulchra es, Maria"*, - *„Ganz schön bist du, Maria."* Ganzheitliche Schönheit ist bei Gott gefragt, Schönheit von innen.
Heute hat man den Eindruck, es zählt nur äußere Schönheit: Die Proportionen müssen stimmen, Brust-, Bauch- und Hüftumfang, Gewicht, Nase, Zähne und Muskeln, alles muss einer bestimmten Mode entsprechen. Und wo die Zahlen zu weit abweichen, da hilft man ein wenig nach. Die Schönheitschirurgen sind die Götter der Zeit, denen sich neuerdings auch immer mehr Männer zu Füßen werfen. Wenn es sein muss, und wenn es

dann auch noch gratis ist, darf sogar das Fernsehen mitfilmen, wie man das Fett absaugt und die Brust vergrößert. Aber was will man denn dann mit all seiner Schönheit? Doch nichts anderes, als anerkannt, bewundert und beachtet, letztlich geliebt werden.
Maria setzt andere Maßstäbe. Um es ganz profan zu sagen: Irgendwie erinnert mich dieses Fest an eine Misswahl. Nur misst Gott nicht nach Zentimetern, Intelligenzquotienten und anderen Diktaten, sondern Gott misst nach Sehnsucht, Glaube, und Hoffnung, fragt nach Gottvertrauen und Demut. Und in Maria findet er die Miss World, die Miss Universum, und er erwählt sie zu einer einzigartigen Karriere, nicht als Model auf irgendeinem Laufsteg, aber doch als bevorzugte Mitarbeiterin für die Erlösung dieser Welt.
Diese Schönheit von innen, sie strahlt heraus aus dem zerfurchten Gesicht einer Mutter Theresa. Man hat sie gespürt im zitternden Körper von Papst Johannes Paul II, man konnte sie aus den Zügen von Roger Schutz, des ermordeten Priors von Taizé herauslesen. Diese innere Schönheit strahlt aus jedem Menschen, der sich ganz von Gott geliebt und angenommen weiß. In diesem Sinne dürfen wir es zu Recht sagen: „Ganz schön bist du, Maria, und mit dir ein bisschen auch wir alle, und du bist voll der Gnade, Gott hat dich so gewollt, du bist sein gelungenstes Geschöpf und wirst doch nach deiner Zustimmung gefragt. Dein Ja-Wort bestärkt das Jawort, das Gott selber seit Ewigkeit gesagt hat zu uns Menschen und zu seiner Schöpfung."
Mögen auch wir dieses Jawort glauben, es ist zu jedem von uns genauso gesagt.

## Hochfest der ohne Erbsünde empfangenen Jungfrau und Gottesmutter Maria

Auf Empfang sein wie Maria

Maria Empfängnis, so nennt man dieses Fest in seiner volkstümlichen Abkürzung. Vom theologischen Inhalt her müsste es eigentlich Maria Erwählung heißen, nur so kann es von allen Missverständnissen und Fehlinterpretationen befreit werden. Denn es geht nicht darum, ob und wie Maria ihren Jesus empfangen hat, ob das Zusammensein von Mann Frau eine Sünde, also ein Fleck auf der Seele oder der weißen Weste eines Menschen ist, und ob die Empfängnis von Jesus also befleckt oder unbefleckt war, sondern es geht darum, dass Maria ohne Erbsünde im Leib ihrer Mutter Anna zur Welt gekommen ist. Ein Mensch, der Gott zur Welt bringen soll, kann nur ein ganz reiner, unbelasteter, unschuldiger Mensch sein. Aber bleiben wir ruhig einmal bei diesem Titel, der sich im Volksmund und auf den Kalendern eingebürgert hat: Maria Empfängnis.

Das Wort „Empfang" steckt in diesem Titel. Können wir heute noch etwas empfangen? So richtig mit Freude und mit Erwartung? Wenn wir in wenigen Wochen die weihnachtliche Bescherung begehen, dann ist das oft wirklich eine schöne Bescherung: Selten gibt es mehr die leuchtenden Kinderaugen, denn die Kleinen haben doch schon alles und viele halten das nicht aus, dass sie bis Weihnachten warten müssen. Wer aber etwas empfangen will, der muss seine Sehnsucht aushalten, muss geduldig sein. Da braucht es offene Herzen und Hände und ein großes Vertrauen.
Wer etwas bekommt, ist ein Empfänger. Aber nicht alles ist gratis. Auf einem Briefumschlag steht oft: „Porto beim Empfänger einheben", oder: „Adresse des Empfängers angeben", aber wer schreibt heut noch Briefe im Zeitalter von E-Mail und SMS und Facebook und Twitter?
„Melden Sie sich beim Empfang", sagt am Flughafen oder im Hotel die Stimme aus dem Lautsprecher, und wenn ein Staatsoberhaupt oder gar der Papst selbst in die Stadt kommt, dann wird ihm ein großer Empfang bereitet.
Die Eltern von Maria haben ihr auf dieser Welt sicherlich einen großen Empfang bereitet, Sehnsucht nach einem Kind hatten sie ja genug, so sagt es die Legende. Aber dieser Empfang war nicht eine diplomatische und pflichtgemäße Feier mit Flaggenhissen und Truppenparade, sondern im wahrsten Sinne des Wortes ein herzlicher Empfang, einer, der im Herzen stattgefunden hat. Deshalb sagt man ja auch heute noch, wenn eine Frau schwanger ist: „Sie hat ein Kind empfangen." Viele Kinder werden nicht erwartet und empfangen. Manchmal kommen sie wie ein Betriebsunfall, manchmal wird ihnen das Leben verweigert, oft können sie nicht aufblühen. Maria hat auf dieser Welt und im Kreise ihrer Angehörigen einen guten Empfang gehabt, und sie hat selbst ihr Herz zu einem

Portal, zu einer Empfangsloge für Gott gemacht. Das heutige Fest aber sagt: „Das hat sie nicht allein geschafft, sondern Gott selber hat da in ihr schon allerhand Vorarbeiten geleistet."

Auch vom Radio sagt man, *es hat einen guten Empfang, wenn die Antenne auf den richtigen Sender eingestellt ist, und wenn die Feinabstimmung passt*. Dann ist die Stimme klar und rein, man kann verstehen, was gesagt wird. Maria Empfängnis, das heißt dann, dass die inneren Antennen dieses Mädchens Maria so gut eingestellt waren, dass sie die Stimme Gottes klar erkennen konnte. Und Gott hat gewusst: Diesen Auftrag, den ich ihr sende, und der Sender ist in diesem Fall der Engel Gabriel, dieser göttliche Sendungsauftrag, der wird nicht an den Ohren ihres Herzens vorbei gehen.
Maria ohne Erbsünde empfangen, das könnte für unsere modernen Ohren so übersetzt werden, dass man sagt: sie war ganz eingeschaltet, ganz offen, ganz Ohr für diesen himmlischen Heilsplan.
Einmal werden wir alle von Gott empfangen werden, einmal macht er für uns den größten Empfang des Lebens.
Denn als er Maria auserwählt hat, da hat er ja nicht eine Prinzessin genommen oder einen Engel, sondern eine von uns, unsere Schwester, ein einfaches Mädchen vom Land in einem unbedeutenden Winkel dieser Welt. Allein diese Wahl zeigt schon, wie er seinen Heilsplan verwirklichen will: Nicht von oben herab mit himmlischer Gewalt will er die Welt verändern, sondern still und unauffällig und bescheiden will er die Herzen der Menschen umkrempeln. Maria ohne Erbsünde im Leib ihrer Mutter Anna empfangen und auserwählt. Sicherlich, für Maria war das ein Privileg, eine Bevorzugung.
In unserer demokratischen Gesellschaft hört man das nicht gern, dass jemand bevorzugt wird, auch wenn das Wort Privileg mit dem theologischen Wort „Gnade" übersetzt wird. Maria, du bist voll der Gnade. Aber wir können uns trösten: Maria erschleicht sich dadurch nicht irgendeinen irdischen Vorteil, nicht Reichtum und Macht, sondern sie wird mit dieser Wahl zur Wegbereiterin für uns alle. Mit ihrer Auserwählung meint Gott auch uns, durch sie sind auch wir geadelt und erhoben, und wie sie in ihrem Magnificat singt, können auch wir singen: „Der Mächtige hat Großes an uns getan."
So wünsche ich uns für den Rest der Adventzeit feine Antennen für gute Botschaften, die rechte Feinabstimmung, eine gute Verbindung mit dem Sender und zu Weihnachten dann einen guten Empfang des Erlösers am Bahnhof unseres Herzens.

## 3. Adventsonntag

**Einsteigen in den Zug des Lebens, dem Licht entgegen.**

Die Halbzeit der adventlichen Wartezeit ist vorbei und das Ziel kommt in den Blick. Beim alpinen Schirennlauf lässt die Halbzeit schon auf das Ergebnis schließen. Manchmal geschehen noch Wunder, wenn der Läufer aufholt. Ein Franz Klammer ist durch Fehler sogar noch schneller geworden. Höchste Zeit also, das Ziel ins Auge zu fassen oder „höchste Eisenbahn", womit wir wieder beim Bahnhof sind. Wer schon einmal einen Zug versäumt hat, der kann auf den nächsten warten. Im Leben geht das nicht. Dort gibt es nur einen Zug, der nur für dich bestimmt ist. Sehr langsam fährt er an dir vorüber und du kannst jederzeit einsteigen. Einmal aber kommt ganz gewiss der letzte Waggon.
Das eine ist jedenfalls ermutigend: Der Zug des Lebens fährt letztlich immer aus dem Dunkel ins Licht, aus der Nacht in den Morgen und niemals umgekehrt. Allen Pessimisten und sonstigen Schwarzsehern zum Trotz. Und wenn es schon einmal dunkel wird, dann vorübergehend: Durch den Tunnel geht es schneller dem Ziel entgegen, dem Licht, dem Weihnachtslicht, dem ewigen Licht.
Draußen fliegt die Welt vorbei wie unwirklich. Aber mag der Zug noch so ruhig dahingleiten: Die eigentliche Welt ist draußen. Wenn ich aussteige, dann wird alles stehenbleiben und nicht mehr vorbeirasen. Dann kann ich genießen, mit allen Sinnen.
Manche glauben, der Zug ist die eigentliche Welt. Sie richten sich ein, als ob sie niemals aussteigen müssten. Und oft schaffen sie sich in dieser Scheinwelt noch ein eigenes Abteil, in dem sie am liebsten für sich allein sitzen möchten. „Ist hier noch ein Platz frei?"- „Tut mir leid, alles besetzt!". Alles besetzt - in unseren Gedanken, in unseren Herzen, Gefühlen. Alles? Besetzt wovon? Wofür?
Dann kommt der Schaffner: „Die Fahrkarten bitte!" Natürlich, die Fahrkarten, alles dabei. Bitte sehr: Geburtsurkunde, Taufschein, Firmzeugnis, Heiratsurkunde. Hab' ich sie eingelöst? Sie berechtigen zum Leben, zur Menschwerdung, zur Lichtwerdung. Von Johannes dem Täufer heißt es: „Er war nicht selbst das Licht, er sollte nur Zeugnis ablegen für das Licht" (Joh 1,8). Das strahlende Licht in Kinderaugen, genährt von Geschenken und doch so vergänglich. Ist das alles? Welches Licht erhellt meine Augen auf Dauer? Blendet es mich oder kommt es wärmend von innen?
Der dritte Adventsonntag trägt einen lateinischen Namen, er heißt „Gaudete", das heißt *„freuet euch"*! Was eine Gaude ist, braucht man nicht zu erklären, einem Österreicher schon gar nicht, man muss es üben, sich anstecken lassen. Advent: Gelegenheit, sich zu erinnern: Gott hat seine „Gaude" an uns Menschen, deshalb geht der Zug des Lebens dem Licht entgegen. „Bitte, einsteigen. Wir wünschen gute Fahrt!"

## 4. Adventsonntag

### Endlich angekommen!

Vierter Adventsonntag: Der Weihnachtszug biegt in die letzte Kurve, ich mach' mich fertig zum Aussteigen. Ich weiß, ich werde in die Arme genommen, ich komme an und bin willkommen. Eigentlich ist es am Beginn meiner Lebensreise auch so gewesen: Ich bin erwartet worden, voll guter Hoffnung, neun Monate lang. Man hat Vorbereitungen getroffen zu meinem Empfang. Gesehen habe ich davon nichts, aber wahrscheinlich gespürt. Und dann, nach diesem dunklen Advent im Mutterleib ein Ausstieg und zugleich Einstieg voller Ängste, Schmerzen und Unsicherheiten. Der helle, grelle Bahnsteig des Lebens liegt vor mir. Aber siehe da, ich bin erwartet, erwünscht, geliebt. Eugen Roth dichtet zwar voller Pessimismus: „Ein Mensch erblickt das Licht der Welt, doch oft hat sich herausgestellt, nach manchem trüb verbrachten Jahr, dass dies sein einz'ger Lichtblick war." Wer weiß, wen er da gemeint hat! Ich frage mich: „Sollte mein letztes Aussteigen anders sein als mein erstes? Sollte ich da allein sein im Dunkel oder abgelehnt"? Alles spricht dagegen. Das sagt uns das Weihnachtsfest. Und weiter: „Du hast es nicht begriffen, dass Er dich schon dauernd begleitet hat." Unauffällig ist er unterwegs zugestiegen. Zugegeben, nicht ins Abteil erster Klasse, wo du ihn vermutet hast, sondern in den lumpigen, zugigen, stickigen Raucherwaggon. Ein einfaches Mädchen namens Maria hat ihm hereingeholfen und zwielichtige Gesellen sind seine ersten Reisegenossen, sogar Tiere. Und Er hält den Zug nicht an und tritt mit Würde ein, feierlich begrüßt und bestaunt und ehrfürchtig an seinen reservierten Platz geleitet. Nein, unbemerkt - „Stille Nacht...alles schläft..."- wird er unser Reisegefährte und bezahlt später für seinen schlechten Platz mit dem größten Preis: mit seinem Leben. Dennoch kommt er, der Unbeschränkte, zu uns beschränkten Menschen, nimmt die Beschränkungen unseres Daseins auf sich, öffnet die Schranken des Lebens, die wir, Bahnwärtern des Todes gleich, immer wieder herunterlassen möchten. Und er hat es eilig, der eilige, heilige Gott, im Laufschritt ist er unterwegs zu uns, auch jetzt immer auf dem Laufenden, was mich betrifft. „O Heiland, reiß die Himmel auf, herab, herab vom Himmel lauf!"- so heißt es ja in einem adventlichen Lied. Und dann Weihnachten: Niederkunft des Herrn, Ankunft Gottes. Willkommensfreude, Wiedersehensfreude. Aber auch Anlass, besorgt zu fragen: „Kommt das noch an? Kommt Gott heute noch an in dieser Welt? Bei mir? Hole ich ihn ab und bereite ihm einen großen Bahnhof?"

## Weihnachten

### Der heruntergekommene Gott

Von Gott her gesehen ist das, was wir zu Weihnachten feiern, etwas sehr Stilles und Unauffälliges. Von daher gesehen ist es trotz aller negativen Begleiterscheinungen immer noch die stillste Zeit im Jahr. Ganz leise bereitet der Höchste seine Überraschungen vor, damit dann die Freude umso größer ist. Im Buch der Weisheit heißt es: **Als tiefes Schweigen das All umfing, und die Nacht bis zur Mitte gelangt war, da stieg dein allmächtiges Wort, oh Herr, vom Himmel herab, vom königlichen Thron (Weish. 18,15f.).** Ganz leise macht sich der Engel auf den Weg, und der Stern zieht seine Bahn und das Kind beginnt zu wachsen im Schoß Marias. Auch Josef ist ganz still, von ihm wird in der Bibel überhaupt kein einziges Wort überliefert. Schweigend ziehen sie in die Stadt Davids. Überall sonst herrscht große Lautstärke und geschäftiger Trubel. Der Kaiser herrscht in Rom, Statthalter und Fürsten versehen ihr Regierungsgeschäft, eine Volkszählung wird verordnet, die weltliche Routine und Bürokratie läuft wie geschmiert, aber mitten drinnen schmiedet der Allmächtige seine eigenen Pläne.

Heute aber sehen wir, wie es in Erfüllung geht, wie alles an sein Ziel kommt. Und damit die Überraschung gelingt, und die Freude noch größer wird, hat er sein Geschenk, sich selbst, in das Geschenkpapier des Alltags verpackt. Er schenkt sich so, dass man es kaum glauben kann und dort, wo es keiner vermutet. Wir haben uns an diese Überraschung gewöhnt, und müssen es uns jedes Jahr neu, alle Jahre wieder, sagen lassen, was wir da eigentlich feiern. Immer wieder, da capo, wie es in der Musik heißt, von vorne, weil es so schön ist. Also noch einmal und da capo, von vorne: „Was feiern wir heute?"

Heute feiern wir einen heruntergekommenen Gott: Er ist von ganz oben nach ganz unten gekommen. Heute feiern wir einen verrückten Gott: Er verrückt sich selbst aus dem Mittelpunkt und Höhepunkt an den Tiefpunkt und hinaus an den Rand. Dort, am Rand des Universums, auf einem Staubkorn namens Erde, in einem kleinen Nest am Rand der Welt, namens Bethlehem, draußen, am Rand des Ortes im Stallgeruch einer Felsenhöhle beginnt jenes Wunder, dass die Weltgeschichte in VOR und NACH Christus teilen soll. Für die Geschichtsschreiber ist dieses Geschehen nicht einmal eine Randnotiz wert, der Schreiber des Lukasevangeliums aber schildert dieses Geschehen wie eine Umwälzung des ganzen Kosmos: Himmel und Erde setzen sich in Bewegung, und doch geschieht alles so unauffällig, dass die Großen der Welt nichts bemerken. Sie haben ihre eigenen Sorgen, sie stehen selbst im Mittelpunkt und interessieren sich nicht dafür, was draußen am Rand geschieht. Der Gottessohn betritt die Welt durch den Seiteneingang, ja sogar durchs Hintertürchen kommt er, und nicht durch die große Pforte und das Hauptportal. Er kommt als Randfigur und möchte doch im Zentrum deines Lebens stehen. Im Stall kommt er zur Welt, nicht im keimfreien Kreißsaal. Der Stall wird zur Kirche, und die erlauchte Gesellschaft von Ochs und Esel kann schon andeuten, dass er sich selber für die Welt zum Last- und Nutztier machen will.

In der Pfarre Klagenfurt Annabichl, die ich acht Jahre betreuen durfte, konnte ich das ganz augenscheinlich erleben. Dieses Gotteshaus war wirklich ein ehemaliger Stall und wurde zur Kirche umgebaut. Es war immer ein Spaß, die Kinder zu fragen: „Was glaubt ihr, was unsere Kirche vorher war?" Und keiner hat es gewusst. Seit Jesus aber in jenem Stall in Bethlehem geboren ist, ist der ganze Saustall dieser Welt zur Kirche geworden. Seit damals gibt es auf der Erde keinen Ort mehr, der gottlos ist, kein Winkel, der nicht von Gott angeschaut und geliebt ist.

Deshalb liegt er ja auch in der Krippe, Gottes fleischgewordenes Rettungspaket liegt im Futtertrog oder um den Skandal anschaulicher zu machen: Gott liegt im Fressnapf. So wird schon am Beginn seiner irdischen Existenz angedeutet, dass er für die Welt zum Nahrungsmittel, zum Lebensmittel werden will. Nicht umsonst heißt Bethlehem auf Deutsch ja „Brothausen". Zeit seines Lebens wird er für uns wie Brot werden, das sogar im Tod noch Leben spendet. Ganz und gar zerkaut entfaltet es erst seine Kraft.

So geht also diese himmlische Richtung aus dem Zentrum und der Fülle bis ganz hinunter in die Tiefe und hinaus an den Rand, damit die Menschen, die am Rand stehen, am Tellerrand des Lebens, ins Zentrum und in die Fülle gerückt werden. Die Randexistenzen der Welt, die Randbewohner der Erde, alle, die am Rand stehen mit ihren Kräften, mit

ihrer Energie, mit ihrer Hoffnung, sie alle sollen merken: Dort steht auch er und holt sie in die Mitte und beschenkt sie mit seiner Fülle. Ein weiter Bogen wird da gespannt: Vom Himmel auf die Erde, vom Anfang zum Ende des Lebens und vom Elend des Leidenden zur Freude der Auferstehung, von der Felsenhöhle in Bethlehem zur harten Höhle meines Innenlebens.
Weil jetzt schon so viel von den Rändern die Rede war, noch eine Rand-Bemerkung:
Es ist ein Unterschied, ob ich am Rand eines Abgrundes stehe, am Rand eines tiefen Kraters, am Rand des Millstätter Sees oder am Rand einer Blumenwiese.
Seit er den Krater unseres Lebens durchschritten hat, vom Rand des Himmels bis ganz hinunter und auf der anderen Seite wieder herauf, seit damals ist kein Rand mehr eine tödliche Absturzgefahr und keine Tiefe mehr bodenlos.
Möge deshalb Weihnachten für uns alle wieder ein Anstoß zum Hoffen werden, eine Einladung zur Liebe und eine Ermunterung zum Glauben. Mögen wir selber immer in Bewegung bleiben vom Rand zur Mitte unseres Lebens, um von dort aus wieder die zu bemerken, die am Rand geblieben sind.

## Weihnachten am Tag

### Ochse und Esel

Oft schon haben sich die Leute gefragt, wie eigentlich der Ochse und der Esel zur Krippe kommen, man weiß nur, sie gehören untrennbar dazu. Es könnte ja auch ein Kamel sein, aber das ist erst später dran, darauf reiten dann am 6. Jänner die Hl. Drei Könige zur Krippe. In unseren Landen müssten wohl der Hund und die Katze bei der Krippe stehen, vielleicht auch das Meerschweinchen, der Hamster und der Kanarienvogel, ganz zu schweigen davon, dass manche ja auch Schlangen und Spinnen daheim haben. Aber nein, die Krippen beschränken sich auf Ochs und Esel als die einzigen Vertreter der Tierwelt.
Die Gelehrten haben herausgefunden, warum das so ist. Im Buch Jesaia steht nämlich geschrieben: „Der Ochse kennt seinen Besitzer, und der Esel die Krippe seines Herrn, Israel aber hat keine Erkenntnis, mein Volk hat keine Einsicht, mein Volk hat keine Einsicht" (Jes 1,3). So sind diese beiden Tiere nicht nur Vertreter der lebendigen Schöpfung, sie sind auch so etwas wie ein Mahnmal, das uns gescheiten Menschen ein wenig die Schamesröte ins Gesicht treiben kann. Der dumme Ochse und der störrische Esel sind weiser als wir intelligenten Menschen.
In einem Gebet heißt es:
**Jeder Ochse weiß, wo er zuhause ist und jeder Esel spürt, wem er gehört. Nur wir Menschen irren heimatlos von Frage zu Frage, von Haus zu Haus, von Herr zu Herr, von Götze zu Götze. So lass mich dich erkennen, großer Gott, als Mensch unter Menschen, in wahrer Menschlichkeit.**
Dabei sind Ochs und Esel ja keine verhätschelten und gepflegten Haustiere, die nichts zu tun haben, außer brav zu sein, nein, sie sind Arbeitstiere, müssen Lasten schleppen und den Pflug ziehen, sie werden gefordert und manchmal auch überfordert. Trotzdem aber haben sie im Stall ihres Besitzers in der Mühsal ihres Daseins ein Stück Heimat gefunden. Ich denke, dass es uns im Glauben ähnlich geht, wie den beiden: Da werden wir auch oft auf harte Proben gestellt, Schicksalsschläge, Krankheiten, die Härte und Grausamkeit der Welt, aber auch die Gleichgültigkeit und Dummheit lassen uns zweifeln, da möchte man am liebsten oft davonlaufen. Wenn wir dann aber wieder Weihnachten feiern, so wie heute, dann wissen wir: Der Glaube gibt uns Heimat und Geborgenheit, er gibt uns Sinn und Hoffnung. Auch wenn wir nicht alles verstehen mit dem Kopf, wie Ochs und Esel könnten wir einfach mit dem Herzen spüren, dass wir nicht verloren sind, dass wir gefunden sind, dass Gott selber uns Verlorene gefunden hat. Wir müssen nicht alles wissen, und wir können nicht alles wissen, vor diesem Wunder der Menschwerdung können wir letztlich sowieso nur staunen, wie damals die einfachen Hirten und den Kopf schütteln darüber, wie wir das verdient haben. Schon allein, dass der Himmel selbst die Initiative ergreift und dem Staubkorn Erde zu Hilfe eilt, schon das ist wunderbar genug. Dass er sagt: *Ich kann nicht länger zuschauen, wie die Menschen versuchen, aus ihrem bisschen Leben etwas zu machen und sich dabei in immer größere Hoffnungslosigkeit*

*hineinmanövrieren, wie die Freudlosigkeit und Verzweiflung auf unseren Gesichtern zunimmt. Das halte ich nicht aus,* sagt Gott. Und er eilt uns zu Hilfe. Ist das nicht schon großartig genug?

Noch wunderbarer aber ist, wie er es tut: Nicht einschüchternd und angsteinflößend, mit Bomben und Granaten, mit Pauken und Trompeten, ohne jeglichen Staatsempfang. Gott ist Mensch geworden auf die sanfte Art, ungepanzert, leise, unbemerkt, ohne Abschreckung, schutzlos und unterprivilegiert, entwaffnend gütig und einladend. Das ist sein großes Weihnachtsgeschenk an uns.

Mit dieser Überraschung hat kein Mensch gerechnet. **Gott hat uns hineingelegt**: Wenn überhaupt, dann haben wir ihn am Hauptportal erwartet, er aber kommt beim Dienstboteneingang, als Diener und Sklave der Menschen. Gott hat uns hineingelegt.

Gott hat **sich** hineingelegt: In das Holz und in das Stroh der Krippe, als wimmerndes Bündel Mensch, das sich nach Liebe, Wärme, Zärtlichkeit sehnt, hat sich hineingelegt in das Elend und die Armut der Zeit. Gott hat sich hineingelegt.

Gott hat sich **angelegt** mit dem Unrecht und der Macht, hat sich anlegen lassen an das Holz des Kreuzes, aus dem Holz der Krippe wurde das Holz des Todes, hat sich angelegt mit dem Tod. Und er ist nicht liegengeblieben im Grabe. Ja, Gott hat uns hineingelegt, indem er sich hineingelegt hat in das Stroh der Futterkrippe. Wenn wir jemanden hineinlegen wollen, dann ist der Hineingelegte immer der Dumme, wenn aber Gott das tut, dann kommen wir aus dem Staunen nicht heraus.

Der Ochse mit seinem langsamen Verstand und der Esel, das Grautier mit dem gebeugten Rücken, die haben das gespürt, deshalb stehen sie an der Krippe und halten uns den Spiegel vor und fragen uns: „Zweifelst du immer noch? Glaubst du immer noch deiner Angst, deinem Misstrauen, deiner Logik? Möchtest du nicht loslassen und ungeschützt in den Glauben hineinspringen?"

Manchmal möchte ich wie dieser Esel sein, der das tut, möchte rufen und schreien wie er. Wie sagt der Esel? „I a", was aus dem Kärntnerischen etwa frei übersetzt, heißen könnte: „Ich auch, ich möchte auch dabei sein, möchte auch froh werden können."

Vielleicht haben der Ochs und der Esel auch gemerkt, dass jetzt nicht mehr Heu und Stroh die wichtigste Nahrung der Welt sind. Denn in ihrer Futterkrippe liegt jetzt ja das Kind. Das ist die Nahrung, auf die es jetzt ankommt, das ist das Kraftfutter für leere Seelen und hungrige Herzen. Wenn dieses Kind dann groß geworden ist, dann wird es sagen: „Ich bin das Brot des Lebens, ich stärke deinen gebeugten Rücken und gebe dir die nötige Eselsgeduld im grauen Alltag, ich gebe dir die Stärke und Sturheit eines Ochsen, damit du Furchen ziehen kannst in den harten Boden der Realität, denn dort hinein muss die Saat des Evangeliums fallen."

Ja, der Ochse und der Esel, sie werden auch nach Weihnachten wieder ihre Arbeit aufgenommen haben und sich in den Dienst der Menschen gestellt haben, aber vielleicht mit anderen Augen. Auch das dürfen wir lernen: Weihnachten ist kein Fest zum Ausruhen, es will uns Beine machen. Nehmen wir jenes nachdenkliche Wort mit, in dem es heißt:

**Wenn du dich satt gesehen hast an dem schönen Kind in der Krippe, geh noch nicht fort. Mach erst seine Augen zu deinen Augen, seine Ohren zu deinen Ohren und seinen Mund zu deinem Mund, seine Hände zu deinen Händen, sein Lächeln zu deinem Lächeln.**

**Dann erkennst du in jedem Menschen deinen Bruder, deine Schwester. Wenn du ihre Tränen trocknest und ihre Freude teilst, dann ist Gottes Sohn wahrhaftig geboren und du darfst dich freuen.**

**Christtag**

**Im Anfang war das Wort**

Mit einem festlichen Lied, ähnlich einer Bundeshymne, beginnt der Evangelist Johannes sein Evangelium. In einer Christengemeinde in Kleinasien hat er gelebt, um das Jahr 90 bis 100 n.Chr., und dort hat man dieses Lied gesungen im Gottesdienst, und Johannes hat es an die Spitze seines Werkes gestellt, weil er gewusst hat: Wovon das Herz voll ist, da geht der Mund über, wovon man eigentlich nicht mehr reden kann, aber auch nicht schweigen darf, davon muss man singen.
Einen Nachklang davon finde ich in der Bemerkung eines treuen, älteren und durchaus nicht unmusikalischen Kirchenbesuchers, der einmal gesagt hat: „Herr Pfarrer, mit dem Singen hab' ich's nicht so. Es gibt überhaupt nur drei Lieder, bei denen ich wirklich mitsinge: die Bundeshymne, das Stille Nacht und das Großer Gott wir loben dich". Und wir wissen alle, diese Lieder werden nur bei ganz festlichen Angelegenheiten gesungen, wo das Herz wirklich voll ist.
Und so denke ich mir, dass auch in den ersten christlichen Gemeinden das Herz so voll gewesen ist über das Wirken Gottes. Allerdings ist dieses Lied, das man etwas sperrig den **Johannesprolog** nennt, und das wir ja nicht gesungen, sondern dessen Text wir uns angehört haben, also dieses Lied ist auf den ersten Blick eher unweihnachtlich und unsentimental. Es eignet sich nicht zum Hirtenspiel, es ist keine rührende Weihnachtsgeschichte, wie der Abschnitt aus dem Lukasevangelium gestern Abend. Er ist keine leichte Kost und viele sagen, man müsste es damit machen, wie mit einem guten Wein, den man beißen und riechen und auf der Zunge zergehen lassen muss. Dann entfaltet er erst sein Aroma.
Und so steigen wir nun hinein in diesen Hymnus, genießen seine Inhaltsstoffe, und bemerken zuerst einmal, dass es da nicht um ein Land geht, wie bei der Bundeshymne, um Berge, Ströme, Äcker und Söhne und neuerdings Gottseidank auch Töchter, sondern es geht um eine Person, die mit vielen Namen besungen wird, es geht um Jesus Christus. **Licht** wird er genannt und Leben, aber vor allem **Wort**: Es ist die kürzeste und treffendste verdichtete Weihnachtsgeschichte, die es gibt, dieser Satz:
**Das Wort ist Fleisch geworden.**

Schon einmal, dass dieser Jesus von allem Anfang an als Wort bezeichnet wird, ist erstaunlich. Nicht Gedanke, nicht Idee und auch nicht Tat, sondern Wort. Am Anfang waren auch nicht die Wörter, die Reden, die Belehrungen, die Vorträge, sondern das Wort. Ein Wort, das ist Kontakt, das ist sich öffnen, aus sich heraus- und auf jemanden zugehen, Wort und Antwort gehören zusammen. Und dieses Wort ist Fleisch geworden, hat Hand und Fuß bekommen in Bethlehem und Haut und Haare und Seele und Geist. So hat Gott Kontakt aufgenommen.
Wir leben heute in einer Gesellschaft, in der uns die schnellen Kontaktmöglichkeiten über alles gehen, wir sind überall und jederzeit mündlich und schriftlich und neuerdings auch bildlich erreichbar. Und doch werden wir immer einsamer und oberflächlicher und gleichgültiger. Menschen reden wieder laut auf der Straße, in den Gasthäusern oder beim Autofahren, man möchte meinen, dass irgendetwas nicht stimmt mit ihnen, bis man sieht, dass sie einen Knopf im Ohr haben, sie reden nicht mit ihrem Gegenüber, sondern mit ihrem Handy. Und sie tippen sich Botschaften zu, obwohl sie doch nebeneinander sitzen. Die Technik ist faszinierend und verlockend, aber doch droht so vieles verloren zu gehen.

So hat es Gott nicht gemacht: Er hat kein SMS vom Himmel herabgeschickt: *Sohn unterwegs*. Er sendet kein E-Mail und spricht nicht auf unsere Mailbox, er lädt uns nicht ein in einen virtuellen Raum im Internet, in einen Chatroom oder in sein Facebook, sondern er kommt persönlich, und er nimmt sich Zeit dazu. Eine halbe Ewigkeit dauert es, bis es endlich so weit ist: Das Wort ist Fleisch geworden. So kommuniziert Gott.
Auch da könnte man lange nachdenken, was das Fleisch ist. Wir sagen oft: Der Geist ist willig, das Fleisch ist schwach. Oder: Menschenfleisch muss gepeinigt werden. Und so hat es Gott auch gemeint: Er ist armes, gepeinigtes, frierendes, hungriges, durstiges,

schwaches und müdes Menschenfleisch geworden, mit einer Seele voller Sehnsucht und voller Gefühle, wie jeder von uns.
Und nun sehen wir weiter, dass diese kürzeste Weihnachtsgeschichte der Welt alles enthält, was zu einer solchen Geschichte gehört: Die volle Herberge, und die Geburt im Stall. Auch davon singt dieses Lied, wenn es da heißt: Er kam in sein Eigentum, aber die Seinen nahmen ihn nicht auf. Welch eine Dramatik: Wie, wenn der Vater abends heimkommt und findet die Tür versperrt, man lässt ihn nicht mehr hinein und nicht Fremde sind es, die so handeln, sondern ausgerechnet die Seinen.
Und dann die Nacht und der Stern und die Hirten: Alles beschrieben in dem Satz: *Das Licht kam in die Finsternis, aber die Finsternis hat es nicht erfasst.* Alle Finsternis der Welt hat keine Chance gegen dieses Licht, nicht einmal die Finsternis des Todes, wie sich später zeigen wird. Wer sich diesem Licht voll Vertrauen öffnet, für den ist es wie eine neue Geburt, nicht aus dem Mutterschoß und hinein in eine Blutsverwandtschaft, sondern eine Geburt aus Gott und hinein in eine gemeinsame Verwandtschaft der Kinder Gottes.
Und er hat unter uns gewohnt, hören wir schließlich. Er hat nicht angeklopft und ist enttäuscht wieder gegangen, nicht Kontakt aufgenommen und wieder verschwunden, wie ein Wesen von einem fremden Stern, sondern er hat mitten unter uns gewohnt. Aber auch nicht unter uns, wie ein Untermieter, von dem man nicht viel weiß, sondern als Seelengast, wie er in Liedern oft beschrieben wird oder gar als Seelenbräutigam. Seitdem ist in jedes Menschengesicht und in das Gesicht der ganzen Schöpfung das Gesicht Gottes hineingeschrieben.
So haben wir also diese abstrakte und komprimierte Weihnachtsgeschichte des Evangelisten Johannes uns ein wenig auf unserer Zunge zergehen lassen, diese Bundeshymne der ersten Christengemeinden, und wir dürfen uns freuen, dass Gott Wort gehalten hat, dass sein Wort Geltung hat, und dass er uns in Jesus so gut behandelt, dass er so handgreiflich an uns geworden ist.
Mögen wir nicht aufhören, uns jedes Jahr neu darüber zu wundern.

## Christtag 2015: Eine Matratze aus Zeitungspapier

*(Benötigtes Material: eine Tageszeitung, eine leerer Futtertrog (aus Holz), eine Statue des Jesuskindes)*

Immer wieder, wenn es Weihnachten wird, stehen wir Prediger vor der Aufgabe, das jährlich gleiche Fest mit den jährlich gleichen Bibelstellen, oft auch vor den jährlich gleichen Leuten doch mit verschieden Worten zu erklären, schmackhaft und zugänglich zu machen. Das ist eine oft recht schwierige Übung, die zunehmend anstrengender wird. Manchmal erhält man von irgendwo her einen kleinen Anstoß, einen Vergleich, ein Bild, und man kann daran weiter arbeiten und bauen.
So will ich es auch heuer versuchen und habe dazu einen etwas größeren Futtertrog mitgebracht, der in den normalen Krippen nicht Platz hat. Eine Begebenheit aus meiner Kindheit fällt mir dazu ein. Eines Tages hatte unsere Mutter die Idee, dass wir dem Weihnachtskrippenkind ein weiches Bett bereiten könnten. Sie hat in den Stall von Bethlehem eine leere Krippe hineingestellt, und wir hatten im Advent die Aufgabe, am Abend zu erzählen, welche guten Taten wir heute vollbracht haben. Für jedes Werk wurde dann ein Strohhalm hineingelegt. Am Heiligen Abend konnte sich dann das himmlische Kind beruhigt auf dem Stroh unserer guten Taten ausruhen. Ich kann mich allerdings nicht mehr erinnern, wie voll die Krippe dann schließlich geworden ist.
So ähnlich will ich es auch jetzt machen und dem Jesuskind das Bett bereiten, ein Bett, das leider nicht so weich ist, aber es hat sich dieses Bett ja selbst ausgesucht, das Bett unserer ganzen Welt, wie sie ist, auch mit ihrer Bosheit und ihren Abgründen. Und wo ist die Welt besser abgebildet, als im Mikrokosmos einer x-beliebigen Tageszeitung. Mit den Blättern dieser Zeitung möchte ich nun das Bett für das himmlische Kind auspolstern:

*(Nach jedem Thema Blatt herausnehmen, zerknüllen und in die Krippe legen)*

Wir beginnen mit **der Titelseite**: Dort stehen die Schlagzeilen, die vielleicht deshalb so heißen, weil sie uns manchmal fast erschlagen mit ihrer reißerischen und aufdringlichen Einprägsamkeit, meistens sind sie negativ, versehen mit einem auffälligen Bild, das uns zum Hinschauen zwingt. In einer solchen Welt ist Gott Mensch geworden, ganz still und leise, aber er legt sich hinein in diese Dunkelheit voll Blutvergießen und Gewalt, hinein in diese ganze Ohnmacht und Ausweglosigkeit. Auch damals in Bethlehem war es eine grausame Welt mit Unterdrückung und Flucht und Zwang. In so eine Welt hat Gott sich hineingelegt, mit so einer Welt aber hat er sich auch an-gelegt.
Dann kommen die **politischen Seite**n: De Parteien und Parlamente, die Finanzen, die Schulden, die Ansprüche der Bürger, die Suche nach Gerechtigkeit und Wohlergehen, die so oft vereitelt wird von den unterschiedlichen Auffassungen der verschiedenen Fraktionen, von der Absicht, Wählerstimmer zu gewinnen und Macht anzuhäufen. Auch da hält sich Gott nicht heraus.
Dann kommt das **Ressort Kultur und Wissenschaft**: Die ganze Literatur und Kunst wäre nicht vorstellbar ohne das sogenannte **christliche Abendland**, den Einfluss der Kirche und der Klöster, die Universitäten, die Krankenhäuser. Mit der Wissenschaft allerdings hat sich die Kirche immer ein bisschen schwer getan, vor allem, wenn sie schrankenlos wird, denken wir nur an Atomgefahren und Gentechnik, an Umweltzerstörung und Ressourcenverbrauch. Aber auch so viel Positives verdanken wir ihr. Auch das ist ein Teil des Lagers, der papierenen Matratze dieses göttlichen Kindes.
Dann natürlich **der Sport**: Menschen loten ihre körperlichen Grenzen aus, sie messen sich im Wettkampf, sie trainieren mit Konsequenz und Disziplin und kämpfen für ein Ziel, Völker und Sprachen vereinen sich bei einer Weltmeisterschaft. Sich selbst überwinden, die innere Schwerkraft besiegen im Dienst am Nächsten, darin ist uns die Welt des Sportes ein Vorbild. Auch da will Gott dabei sein.
**Die Lokalberichte** dürfen auch nicht fehlen: Veranstaltungen, Konzerte, Feste, alles, was das öffentliche Leben ausmacht, Gelungenes und Misslungenes, Erfreuliches und Skandale, Dinge, die vor der Haustüre geschehen. Auch Jesus selber ist hineingeboren in die kleine Struktur eines Dorfes, wo jeder jeden kennt.
Dann gibt es viele **Seiten mit Anzeigen**: Wohnungen werden gesucht und angeboten, Immobilien und Autos, Arbeitsstellen werden mehr gesucht als gefunden. Auch das ist für Gott nicht fremd, die wirtschaftlichen Sorgen und Probleme, die Armut, das Sparen, die Sorge ums tägliche Brot.
**Die Werbung** dürfen wir nicht vergessen, davon leben ja die Zeitungen: Die vielen bunten Angebote und Sonderangebote, die Speisen und Lebensmittel. Manchmal sind wir Christen da so bescheiden und verschämt, stellen unser Licht unter den Scheffel. Dabei ist gerade Weihnachten das größte Sonderangebot eines liebenden Gottes: Er gibt sich selbst und das gratis. Er wird selbst zum Lebensmittel für die ganze Welt, **„nehmt hin und esset"**, wird er später sagen. Da brauchen wir uns nicht zu verstecken.
Dann kommt die Seite, die jeder liest, je älter man wird, umso intensiver schaut man sie an, ja, manche beginnen sogar die Zeitung mit dieser Seite: es sind **die Todesanzeigen**: *Wer ist gestorben, wann und wo und wie alt, wen kenne ich, und Gott sei Dank, ich bin nicht dabei. Aber einmal werde ich dabei sein, todsicher*. Der Herr ist hineingeboren in diese Welt der Todesnacht, der Vergänglichkeit, der Angst. „Das Licht leuchtet in der Finsternis, aber die Finsternis hat es nicht erfasst" (Joh15), heißt es in der weihnachtlichen Frohbotschaft. Und: „Ich bin das Licht der Welt" (Joh 8,12), wird er sagen. Gerade hier liegt Jesus richtig, gerade hier will er sich ausstrecken und daheim sein und Hoffnung geben.
Und schließlich endet die Zeitung mit dem **Fernsehprogramm:** Eine Scheinwelt und Parallelwelt, die wir oft leicht mit der Wirklichkeit verwechseln: Gute Zeiten, schlechte Zeiten, Klatsch und Tratsch, Krimis und Komödien. Ablenkung, Futter für die Augen, sich berieseln lassen, auf der Couch sitzen und doch mit der großen weiten Welt verbunden sein. Da gilt es, das Gute auszuwählen, auch rechtzeitig abschalten können. Dann aber auch, sich informieren lassen über das, was die Welt bewegt. Keiner kann heute mehr sagen: „Das habe ich nicht gewusst". Jesus will kein Star sein und kein Medienzar. Dazu ist der Stall von Bethlehem zu bescheiden, und das Kreuz zu abstoßend. Kirchliche Programme sind auf den Fernsehseiten oft wie eigenartige Fremdkörper, aber wenigstens zu den Feiertagen gern gesehen. Sich der Öffentlichkeit nicht aufdrängen und anbiedern, aber auch nicht die Flinte ins Korn werfen und einfach verschwinden, dazu will uns heute

das Jesuskind einladen und ermutigen. Deshalb gehört auch das Fernsehprogramm zu seiner Unterlage.
Ja, nun ist die Wiege bereitet, die Matratze aus Zeitungspapier ist fertig, dieses unbequeme Lager, und wir legen den Herrn der Welt hinein in diesen Saustall, wie es ja auch damals kein keimfreier Kreißsaal war, und hoffen, dass er gut liegt und nicht entsetzt davon läuft, dass er auch auf krummen Zeilen gerade schreibt, dass er auch das Gute sieht, das nicht in der Zeitung steht, und wir bitten ihn, dass er wandeln möge: Brot und Wein in seinen Leib, Leid in Freude, Wortlosigkeit in Gespräch, Krieg in Frieden, Flucht in Heimat, Einsamkeit in Gemeinschaft, und schließlich Tod in Leben und Vergänglichkeit in Ewigkeit.

*(Die Statue des Kindes wird in das Zeitungspapier gelegt)*

**Fest der Heiligen Familie**

**Das Kind wachsen lassen**

Wir erleben heute eine Heilige Familie, die es eilig hat. Aus der heiligen Familie ist eine eilige Familie geworden. Der bösartige König Herodes möchte das Kind töten, den Rivalen seiner Macht und ermordet zur Sicherheit gleich alle Neugeborenen von Bethlehem. Josef flieht auf Geheiß des Engels mit Frau und Kind nach Ägypten, und dann wieder zurück und noch einmal nach Nazareth, bis sie alle endlich zur Ruhe kommen: Josef, Maria und der kleine Jesus. Die Heilige Familie: **Eine Familie auf der Flucht**. Da spürt man nichts von Familienidylle und heiler Welt.
Als erstes fällt mir dazu ein, dass es heute vielen Familien wohl ähnlich geht in den Kriegsgebieten der Erde: Es sind ja immer die Schwachen und Kleinen, die Unschuldigen und Wehrlosen, die unter die Räder kommen. So viele sind auf der Flucht vor Repressalien, so viele Christen auch, die in islamistischen Regimen um das nackte Überleben kämpfen. Viele können sich eine Flucht nicht leisten, und viele haben kein Ägypten, das sie aufnehmen könnte. Sie dürfen sich heute ganz besonders verstanden wissen.
Als nächstes schaue ich auf diesen eifersüchtigen König Herodes, der sich vor einem Kind fürchtet. **Wo ist heute ein Herodes, der die Familien bedroht?**
Vielleicht ist es einfach nur das familienfeindlichen Klima in unseren reichen Industrieländern, das fehlende Geld, der Zwang zum Sparen, die vielen Ablenkunsgsmöglichkeiten, die fehlende Zeit, die Hektik und Zerrissenheit der modernen Berufswelt, abgehetzte Väter und Mütter, die ihre Kinder von einem Termin zum anderen bringen, zerbrochene Beziehungen, hohe Scheidungsraten, der sinkende Energiespiegel der Seele, die unseren Familien das Leben schwer machen.
Da finden wir oft nicht die Stille und die Ruhe, um wie Josef auf die Stimme des Engels zu hören, der auch uns zuruft: „Flieh aus diesem Kreislauf, lauf fort aus diesem Mühlrad, dein Leben ist in Gefahr, und das deiner Familie." Jeder hat seinen Herodes, der ihm im Nacken sitzt.
Gott wird es aber auch bei uns so machen, wie damals: Er hat die Heilige Familie nicht vor der Gefahr beschützt, aber in der Gefahr. Er hat sie nicht mit einer Mauer umgeben oder auf eine Insel versetzt, aber er hat sie begleitet auf ihrer Flucht und in ihren Strapazen.
König Herodes wollte damals aber nicht die Familie ausrotten, sondern das göttliche Kind wollte er umbringen. **In jedem Menschen wohnt dieses Kind**. *„Wenn ihr nicht werdet, wie die Kinder, kommt ihr nicht in das Himmelreich"*, wird der erwachsene Jesus später seinen kinderfeindlichen Jüngern zurufen. Das Kind in uns schützen, das könnte heißen: Wieder wehrlos werden und ehrlich und spontan, voller Vertrauen auf Gott und die Welt, neugierig und spielerisch und lernfähig aufeinander zugehen.
Der **Kindermord von Bethlehem** soll uns immer als warnendes Beispiel vor Augen stehen: Er findet ganz real statt, überall dort, wo Kinder noch nicht leben dürfen, nicht geboren werden dürfen, wo sie missbraucht werden, körperlich und seelisch, wo sie als Arbeitssklaven und Kindersoldaten auf unmenschliche Weise ausgenützt oder einfach in ihrer Eigenart nicht ernst genommen oder beachtet werden. Da dürfen wir nicht müde werden, dagegen anzukämpfen. Aber auch **das andere Kind in uns** will leben: Das göttliche Kind, unser Glaube, unsere Gottesbeziehung. Es will wachsen und angenommen und beschützt werden.
Angelus Silesius sagt einmal: „Ach könnte nur dein Herz zu einer Krippe werden, Gott würde noch einmal ein Kind auf dieser Erden. Und wäre Christus tausendmal in Bethlehem geboren und nicht in dir, du wärest doch verloren".
So dürfen wir heute lernen: Jeder von uns und jede unserer Familien hat die Chance, Krippe für den Heiland zu werden. Denn auch Gott hat diesen Weg gewählt. Er fällt nicht fix und fertig vom Himmel, sondern geht diesen unspektakulären Weg einer menschlichen Familie mit all den komplizierten Beziehungen untereinander und zu den Verwandten, mit all ihren Bedrohungen von innen und außen. Es war sicherlich keine keimfreie Vorzeigefamilie, in der Jesus den größten Teil seines Lebens, nämlich 30 Jahre lang verbracht hat, es hat sicherlich auch Konflikte und Spannungen gegeben. Aber es hat auch all das gegeben, was zum Fundament unseres Lebens geworden ist.

Was die heilige Familie aber **von allen anderen Familien unterscheidet**, das ist sicherlich dieses himmlische Geheimnis, das in diesem Kind immer mehr gewachsen ist. Es war sicherlich für Josef und Maria nicht einfach, hinter diesem himmlischen Plan zurück zu treten und ihr Kind loszulassen. Aber ähnlich wird es wohl allen Vätern und Müttern ergehen.
So ist dieser Tag auch ein Anlass, für unsere eigene Herkunftsfamilie dankbar zu sein, was auch immer dann aus ihr geworden ist. Aber einmal war sie auch für mich Wiege des Lebens und des Glaubens, die erste Schule, wo ich die grundlegendsten Dinge für mein Dasein gelernt habe.
Wir wünschen und erhoffen für all unsere Familien, dass sie manchmal spüren und vertrauen, dass Gottes besonderer Segen auf ihnen liegt, dass sie trotz aller Zerbrechlichkeit Heimat und Geborgenheit schenken können, und dass sie Begleiter und Ratgeber in Krisenzeiten finden und selber sein können.

**Silvesterabend**

**Dankbar loslassen und vertrauensvoll hoffen**

Früher haben wir oft an Lagerfeuern zu später Stunde vor dem Schlafengehen das Lied gesungen: „Nehmt Abschied Brüder, ungewiss ist alle Wiederkehr, die Zukunft liegt in Finsternis und macht das Herz uns schwer. Der Abend senkt sich übers Land, lebt wohl auf Wiedersehn, wir ruhen all in Gottes Hand, lebt wohl, auf Wiedersehn."
Dieses Lied ist mir eingefallen an der Schwelle vom alten zum neuen Jahr. Nehmt Abschied, Brüder: Auch wir nehmen Abschied von einer Zeitspanne unseres Lebens, Abschied von guten und schlechten Tagen, Höhen und Tiefen. Ungewiss ist alle Wiederkehr - so heißt es weiter:
Mit ein bisschen Wehmut denken wir vielleicht an Gutes, das wir zurücklassen müssen und das nie mehr wieder kehrt: Manches Wort werde ich nie wieder so sagen oder hören, an diesen oder jenen Ort, in diese oder jene Lage werde ich nie wieder kommen, diese oder jene Gelegenheit wird mir nie wieder geboten werden. Dann denken wir auch mit Dankbarkeit an so vieles, das uns selbstverständlich geworden ist: Brot und Freunde, das Dach über dem Kopf, den Frieden im Land und hoffentlich auch im Haus, der Glaube an Gott, der uns Halt gibt. Da oder dort sind wir noch einmal glücklich davon gekommen, haben einen Unfall verhindert, eine Krankheit überwunden, eine Krise bewältigt. Wehmut über Versäumtes und Unterlassenes und Dankbarkeit für Geschenktes und Gelungenes, das könnten Gefühle sein, die diesen Silvesterabend bestimmen.
Und dann geht unser Blick in die Zukunft, wie es auch in diesem Lied heißt: Die Zukunft liegt in Finsternis und macht das Herz uns schwer. Von vielem wissen wir ja, was kommt: Viel Schönes wird sicherlich auch wieder kommen, von vielem Schweren aber wissen wir, dass es uns auch im kommenden Jahr wieder belasten wird. Viele von uns werden nicht mehr unter uns sein, werden den Weg in die ewige Heimat antreten. Da können wir nur hoffen und beten, dass wir es aushalten und ertragen, dass wir breite Schultern und eine dicke Haut haben, wenn wir es brauchen. Ich frage mich dann auch, ob das ein christlicher, ein gläubiger Satz ist: Die Zukunft liegt in Finsternis und macht das Herz uns schwer? Schwer machen darf uns die Zukunft das Herz schon, aber brechen darf sie es uns nicht. Die alten Römer haben sich das leicht gemacht. Da gibt es das Sprichwort: Carpe diem - pflücke den Tag. Das heißt so viel wie: Schau nicht, was all die Jahre deines Lebens dir noch bringen werden, sondern bewältige nur den einen Tag, der heute vor dir liegt, und du ersparst dir viel Leid. Vielleicht könnte das ein kleines Rezept sein, das große Rezept gegen das Leid gibt es ja sowieso nicht.
Und dann, so meine ich, muss bei allem die Hoffnung sein, ein tiefes Grundvertrauen in meiner Seele, wie es auch in der letzten Zeile dieses Liedes heißt: Wir ruhen all in Gottes Hand, leb wohl, auf Wiedersehn. Die Lebenden und die Toten, sie ruhen in Gottes Hand, die Gesunden und die Kranken, die Pessimisten und die Optimisten. Da kommt alles zusammen: Was gewesen ist, ruht in seiner Hand und was sein wird, ruht in seiner Hand. Und diese Hand ist offen, und da ist viel Wärme und viel Herzlichkeit und vor allem viel Platz.
So lassen wir es zu Ende brennen, das Lagerfeuer dieses alten Jahres und sagen uns noch einmal diese Worte der Zuversicht:
„Nehmt Abschied, Brüder und Schwestern, ungewiss ist alle Wiederkehr. Die Zukunft liegt in Finsternis und macht das Herz uns schwer. Der Abend senkt sich übers Land, lebt wohl, auf Wiedersehn, wir ruhen all in Gottes Hand, lebt wohl, auf Wiedersehn".

**Neujahr**

**Neu anfangen, wie Maria**

Während draußen schon seit Tagen die ersten Silvesterböller krachen und ziemlich verfrüht einige Raketen in den nächtlichen Himmel emporzischen, versuche ich mir Gedanken über das neue Jahr zu machen, das jetzt auf uns zukommt. Es hat etwas von der Reinheit und Klarheit einer Quelle, die auf einem Berghang hervorbricht, und die sich erst den Weg bahnen muss durch Gestrüpp und Unterholz; ein wenig gleicht es auch einem neugeborenen Kind, das voller Unschuld und Vertrauen die Wege des Lebens zu gehen beginnt. Ein Bild dieser Klarheit und Unschuld gibt uns die Kirche heute mit auf den Weg in die Tage, Wochen und Monate dieses Jahres, indem sie uns jedes Jahr am 1. Jänner die Gottesmutter Maria an den Beginn dieser vor uns liegenden Zeit stellt. Auch sie hat einen Weg zu durchlaufen, einen Weg, der bisweilen auch harte und schwierige Zeiten zu bestehen hat. Wenn es dann, im vor uns liegenden Jahr, auch so kommen mag, dann tröstet uns Maria und mahnt uns: „Fürchtet euch nicht. Lernt es, bisweilen mit ungelösten Fragen zu leben."
Wer dann, wie Maria in Geduld ausharrt und die manchmal von innen und oft von außen kommenden Schwierigkeiten in der Kraft des Vertrauens besteht, für den wird auch einmal die Stunde kommen, in der sich das Dunkel lichtet, vielleicht ganz in der Stille, aber niemals ohne die Gemeinschaft der glaubenden und betenden Menschen. Als unsere Schwester im Glauben kann Maria uns eine gute Begleiterin sein auf dem Weg des Glaubens, der von jedem von uns selber zu gehen ist.
Mag es deshalb auch unbekannt sein, was da wieder auf uns zukommt, mögen noch so viele Horoskope und Wahrsager wieder ihre Prophezeiungen abgeben und mögen alle Österreicher, wie die neuesten Volksbefragungen ergeben haben, skeptisch in die Zukunft schauen, auf irgendeine Art wird es wieder ein gutes Jahr werden. Wir werden uns aber dieses Vertrauen nicht aus den Schlagzeilen der Zeitungen holen! Sie machen ihr Geschäft mit den Abgründen der menschlichen Bosheit und leben von den Sensationen der Katastrophen und Unglücksfälle. Echtes Vertrauen in die Zukunft holt man sich ***abseits von Metern und Sekunden*** dort, wo es unauffällig und alltäglich zugeht, echte Hoffnung schöpft man aus dem Wort der Schrift, aus den Zusagen, die Gott uns macht. Da merkt man oft nichts von bunter, lauter Farbenpracht am nächtlichen Himmel, die leider eben nicht nur teuer, sondern auch sehr kurzlebig ist.
Die Sensation des Guten ist immer recht leise und braucht gute Augen und Ohren und einen langen Atem. Vielleicht Augen und Ohren, wie Maria sie gehabt hat und den wirksamen Hauch des Hl. Geistes. Dann wird uns das Unglück nicht so schnell in die Knie zwingen. Hinter allem, und sei es noch so kalt und dunkel, kann ein geheimer Plan stecken. Ein Plan, den wir erst im Nachhinein begreifen. Ein Mann erzählt:
„In der Nacht hatte es geregnet, gegen Morgen kam der Frost. Der Strauch vor dem Haus war erstarrt. Ein Panzer aus glasklarem Eis umschloss jeden Zweig, den Stiel und den Ansatz von Knospen. Der Strauch tat mir leid. Ich nahm einen Zweig in die Hand, mit meiner Wärme taute ich ihn auf, mit dem Fingernagel kratzte ich die letzten Spuren von Eis weg, mit meinem Atem hauchte ich ihn trocken. Ich freute mich, einen Zweig aus Eis und Starre erlöst zu haben. Mir schien, er nickte mir dankbar zu, als ich wegging. In der nächsten Nacht wurde es noch kälter. Als der Frühling kam, und der Strauch blühte, war mein Zweig als einziger tot".
Maria kann uns auch darin Vorbild sein! Von ihr heißt es heute: „Sie bewahrte alles, was geschehen war in ihrem Herzen und dachte darüber nach" (Lk 2,19). Sie hat vorerst einmal zugewartet und Gott die Entscheidung überlassen. Sogar dann, als jene frostigste aller Nächte gekommen ist, die ihr den Sohn genommen hat. Als dann der Ostermorgen wie ein neuer Frühling heraufdämmert, da ist er der erste gewesen, der den Tod besiegt hat.
So dürfen auch wir im neuen Jahr versuchen, in all dem Unausweichlichen, was uns wieder entgegentritt, ein wenig die Fügung Gottes zu erkennen, dürfen in dem vielen, was uns wieder zugemutet wird, auch die Chance und die Herausforderung erkennen. Jede Herausforderung ist auch eine Herausförderung, so sagt man. Echtes Wachstum und wirkliche Reife entsteht ja nur im Widerstand und nicht im Rückzug. Wir können die

Zeit, die uns geschenkt ist, ja sowieso nicht verlängern, aber wir können sie vertiefen, wir können sie nicht aufhalten, aber wir können sie nutzen.
Nur hätten wir gerne ein Licht an der Hand. In einer chinesischen Legende wird uns dazu erzählt, dass jemand zum Engel, der an der Pforte des neuen Jahres steht, sagt: „Gib mir ein Licht." Der Engel aber antwortete: „Geh nur hinein in die Dunkelheit und lege deine Hand in die Hand Gottes. Das ist besser für dich, als ein Licht und sicherer, als ein Weg, den du kennst."
So dürfen auch wir heute unsere Hand in die Hand Gottes legen, und bitten, dass wir seine Führung manchmal spüren und erkennen. Und mögen wir dann so oder ähnlich zu ihm beten:
Gott, ich danke dir für die schöne Vergangenheit, die du mir geschenkt hast. Meine Gegenwart opfere ich dir auf. Und meine Zukunft lege ich vertrauensvoll in deine Hände.

**6. Jänner, Epiphanie, Hl. Drei Könige.**

**Gespräch mit den Sternsingern und dem Kamel**

Liebe Pfarrgemeinde, liebe Jugendliche und liebe Kinder!

Wenn man heute diese Mädchen und Buben anschaut, die da in den Bänken sitzen, dann könnte man meinen, heute ist Faschingssonntag. Sie haben sich alle verkleidet. Als was wohl? Als Könige. Sie wollen uns erinnern an die drei Männer aus dem Morgenland, die das neugeborene Jesuskind besucht haben.
Wie haben sie denn schon geheißen, diese drei Männer? Kaspar, Melchior und Balthasar natürlich. So hat man diese namenlosen Besucher im Laufe der Zeit genannt. So steht es ja auch über unseren Haustüren zu lesen. CMB. Das heißt nicht Kas, Milch und Butter, wie manche Leute gesagt haben, die viel Hunger gelitten haben. Ja, eigentlich heißt es nicht einmal Kaspar, Melchior und Balthasar, sondern CMB heißt: Christus mansionem benedicat: Christus segne dieses Haus.
Und es waren auch nicht Könige. Man hat einfach gedacht, wenn sie so kostbare Geschenke mithaben, dann müssen sie es wohl sein. Und warum drei? Weil es eben drei Geschenke gewesen sind: Gold, Weihrauch und Myrrhe.

Wie auch immer, kehren wir wieder zu diesen Leuten zurück, die man die drei Könige nennt: Ihnen ist ein Licht aufgegangen. Sie waren die ersten Ausländer, die draufgekommen sind, wer dieses Kind eigentlich ist. Im Land selbst haben es nur die Hirten gemerkt, aber denen hat ja niemand geglaubt. Viele fromme und vornehme Leute bis hin zum bösen König Herodes haben es auch gewusst, dass der Heiland, der Retter der Welt bald kommen wird, aber sie haben sich nicht die Mühe gemacht, ihn zu suchen.
Die drei Könige aber haben sich die Mühe genommen, sie haben Jesus gesucht und ihn auch gefunden, und der Stern hat ihnen dabei geholfen.
Aber noch jemand hat ihnen geholfen, jemand, auf den man schnell vergisst:
Auf welchem Tier sind sie denn gekommen, diese drei sehnsüchtigen Menschen?
Auf einem Kamel.
(Ein Kind holt das Kamel aus der Krippe).
Ich möchte ein wenig über das Kamel sprechen. Es könnte viel erzählen, wenn es reden könnte. Aber warum lassen wir es denn nicht einfach einmal reden? Was könnte uns denn so ein Kamel sagen? Hört zu:

**Ich bin das Kamel! Man beachtet mich kaum! Man benutzt mich höchstens als Schimpfwort. Immer stehen nur die drei Könige im Mittelpunkt. Dabei wären sie ohne mich gar nicht so weit gekommen. Wer hätte denn alles getragen? Und als wir durch die Wüste irrten, in der unbarmherzigen glühenden Sonne, in der großen Mittagshitze, da waren sie froh, die drei Könige, wenn sie sich ein wenig in meinen Schatten stellen konnten. Oder wenn ein Sandsturm aufkam, wenn sie nichts mehr sehen konnten, da hielten sie sich an meinen Zügeln fest, und ich führte sie sicher durch die Gefahr.**
**Und wenn sie Durst hatten und weit und breit nichts mehr zu trinken, da ging ich geduldig und Schritt für Schritt meinen Weg, bis wir zum nächsten Brunnen kamen.**
**Jaja, ich habe eine tragende Rolle in der ganzen Geschichte. Wer weiß, wie es ohne mich ausgegangen wäre. Ob die drei Könige jemals ans Ziel gekommen wären?**
**Vielleicht sollte man doch etwas mehr Respekt haben vor mir, dem „blöden" Kamel.**

Wir können uns beim Anblick des Kamels natürlich auch fragen: „Wer oder was trägt mich? Der Boden, auf dem ich stehe, trägt mich und das Haus, in dem ich wohne, die Gesundheit, die mir mehr oder weniger beschieden ist, liebe Menschen, die mich annehmen, wie ich bin. Aber das alles kann mir genommen werden. Was mir nicht genommen werden kann, und was mich trägt im Leben und im Tod, das ist mein Glaube, das ist letztlich Gott selber."

Und weiter dürfen wir uns fragen, wenn wir auf das Kamel schauen: „Trägt mich mein Glaube nur in den Oasen des Lebens, oder auch in den Wüsten, wenn der Sand kommt im Getriebe des Alltags, trägt er mich auch in den Stürmen, in den unvermeidlichen Durststrecken, in der Hitze des Wortgefechts, kann ich mich an ihm festhalten, wenn meine Augen blind sind vor Tränen, wenn ich nicht mehr weiter weiß?"

Das unscheinbare Kamel, Sinnbild für unseren Glauben, den Glauben, der auch die drei Weisen in Bewegung gebracht hat, den Glauben, der auch uns immer wieder Beine machen will, der unsere Sehnsucht wach hält. Möge auch unser Glaube und unsere Sehnsucht einmal ans Ziel kommen, mögen auch wir ankommen bei dem, den alle Menschen immer schon, bewusst oder unbewusst gesucht haben. Mögen wir dann, wie die drei Weisen, von sehr großer Freude erfüllt sein, einer Freude, die niemals endet.

## Dreikönigstag

### Unterwegs bleiben und dem Stern folgen

Die ersten Wallfahrer der Welt, die zu Jesus gepilgert sind, das waren die drei Weisen aus dem Morgenland. Natürlich die Hirten, die sind auch zur Krippe gelaufen, aber die hatten es nicht so weit. Nein, es bleibt dabei: Sei es der Jakobsweg, die Reise nach Rom oder die Fußwallfahrt über den Kofel nach Maria Luggau, oder der Hemma-Pilgerweg, ihr schönstes Vorbild haben alle diese Aufbruchsbewegungen in jener Pilgerfahrt der Sterndeuter aus dem Osten nach Bethlehem. Sie haben ein ganz konkretes Ziel. Das ist vielleicht das Faszinierende bei allen Wallfahrten, das Ziel! Wir leben ja in einer Zeit der Orientierungslosigkeit, alles ist gleich gültig und gleichgültig, alles ist irgendwo richtig, heute ist das modern und morgen etwas anderes. Wer sich aber auf einen Pilgerweg macht, der weiß, wo er hin will. Der hat ein Ziel. Es heißt zwar in der Werbung: Der Weg ist das Ziel. Ich möchte aber nicht ewig unterwegs sein, möchte auch ankommen. Wie die drei Könige, ankommen und sich überraschen lassen, wenn dann doch alles ganz anders ist.

Sie gehen auch nicht allein und jeder für sich, sondern gemeinsam, nicht 7000 auf einmal, wie beim 4-Bergelauf, sie stützen sich gegenseitig. Jeder hat eine andere Gabe mit und keiner ist eifersüchtig auf den anderen. Der eine hat Gold, weil er in Jesus den König sieht, der andere Weihrauch, weil er den Gott erwartet, der dritte Myrrhe, weil er einen Leidenden und Sterbenden sieht. Jeder von uns hat seine eigenen Bilder und Erwartungen und Hoffnungen im Blick auf Gott, jeder sieht nur einen Teil der Wirklichkeit, keiner sieht alles.

Aber den Stern, den sehen sie alle gemeinsam. „Die Sterne, " so hat ein Kind einmal gesagt, „das sind die Löcher, die der liebe Gott in den Himmel gestochen hat, damit sein Licht in unsere Nacht herein leuchtet."

Seien wir froh, dass die Geschichte nicht so ausgegangen ist, wie sie Bischof Kamphaus in unsere Zeit übersetzt. Da heißt es:

**Sie hatten seinen Stern gesehen, die drei. Doch das war lange her. Sie hatten seinen Stern gesehen ... Der hatte sie vom Stuhl gerissen und aus den Matratzen. Aufbruch im Morgengrauen des Lebens. Sie hatten sich auf den Weg gemacht. Doch den hatten sie sich ganz anders vorgestellt: Gradliniger, einfacher, klarer und zielstrebiger, nicht über Spittal an der Drau oder Klagenfurt, sondern direkte Luftlinie nach Bethlehem. Und nun liegen sie da am Boden und schlafen, alle unter einer Decke, damit sie nicht frieren - ohne Heizung.**

**Man kann ja auch wirklich müde werden und verzweifeln. Ständig kam etwas dazwischen: Päpstliche Instruktionen, Verordnungen im Amtsblatt, Skandal unter den Getreuen ... Von den immer gleichen Problemen gar nicht zu reden: Die Leute sind stur, kapieren's nicht, wollen ewig alles beim Alten lassen ... Und dann ging auch noch das Geld aus.**

**Sie hatten einen Stern gesehen. Doch das war lange her. Und der eine war müde geworden, und der andere war frustriert, und der dritte war einfach sauer und wütend zugleich. Und alle drei hatten sie Blasen an den Füßen und waren**

**lahm geworden. Die Jüngsten waren sie ja schließlich auch nicht mehr. Sie gingen weiter, weil sie halt mal gegangen waren, der Macht der Gewohnheit folgend, nicht dem eigenen Triebe. Die Vision des Aufbruchs war längst auf der Strecke geblieben.**
**Sie hatten einen Stern gesehen. Aber darüber redeten sie schon lange nicht mehr miteinander; es wäre ihnen fast peinlich gewesen, das Gespräch darüber war versickert. Andere Themen hatten sich aufgedrängt: Wer und was sich alles bei den anderen ändern müsste; wo man wirklich sparen könnte, und was einem alles nicht passt, überhaupt und so.**
**So kam es, dass sie irgendwann alle drei unter einer Decke steckten auf einer bequemen Matratze, irgendwo in Frankreich. Burgund ist das schlechteste nicht - der Wein, der Käse ... Da kann man's zunächst einmal aushalten. Bitte nicht stören!**
**Wenn da nicht dieser Engel wäre, der die Schlafenden energisch anstupst. Er zeigt auf den Stern. „Entschuldigt, " sagt er, „wenn ich störe, da war doch noch etwas. Da war doch ein Stern, erinnert euch, der hatte euch nicht in Ruhe gelassen. Der hatte euch vom Stuhl gerissen und aus den Matratzen. Ihr wolltet nicht einfach so weitermachen..."**
**„Ja, ja, schon gut", sagt der eine unter der Decke und macht nicht mal die Augen auf. „Stern, Engel, da kann ja jeder kommen." Er dreht sich um und schläft weiter.**
**„Lass mich in Ruhe mit dem Stern", sagt der andere unter der Decke. „Ich bin in meinem Leben schon vielen nachgelaufen. Ich habe schon so viele Aufbrüche zusammenbrechen gesehen, von kirchlichen Ordnungen und Instruktionen ausgebremst. Verschone mich mit solchen Sternen. Ich hab meine Decke, basta!"**
**Einer von den dreien hat die Augen aufgemacht. Nicht dass er den Stern noch im Blick hätte. Er schaut in eine ganz andere Richtung. Aber die Augen hat er immerhin aufgeschlagen. Der Engel stupst ihn an: „Schau mal, der Stern! Du brauchst bloß den Kopf zu drehen, umzukehren. Ganz nah ist er bei dir, der Stern. „- Die drei bleiben liegen...**
**Mensch Engel, was nun? Was willst du jetzt tun? Ziehst du den dreien die warme Decke weg? Sie werden dich zum Teufel wünschen und sich endgültig in die Ofenecke verkriechen. Mensch Engel, überleg's dir.**
Und er zieht die Moral aus der Geschichte für unsere Lage hier und jetzt:
**Es gab einmal den Tag, da haben wir seinen Stern gesehen. Es gab einmal den Tag, da hat's uns von den Stühlen gerissen, und wir sind aufgebrochen. Und schließlich sind wir immer noch dabei, wie auch immer. Mag sein, dass wir uns zur Ruhe gesetzt oder gelegt haben und denken: Sternzeiten, das war einmal, das ist lange her. Aber noch sind - hoffentlich - die Augen offen, und irgendwie, lahm oder angeschlagen, sind wir immer noch auf dem Weg. Innen drin, ganz tief im Herzen ahnen wir vielleicht, dass der Stern uns gar nicht so fern ist. Wenn uns doch nur ein Engel anstupsen würde: Schau her, mach die Augen auf! Kehr dich um! Dein Stern, ganz nah, ganz nah ...**
**Von den drei Magiern heißt es im Evangelium, dass sie auf dem Weg geblieben sind. Mehr noch: Sie haben sich nicht einmal im Palast des Herodes länger aufhalten lassen, obwohl es dort molligere Polster und Decken gab als anderswo. Und schließlich sind sie noch rechtzeitig angekommen in Bethlehem, alle drei. Alle Achtung!**
**Noch ist nicht aller Tage Abend - das neue Jahr fängt gerade erst an. Und - man soll die Hoffnung nicht aufgeben, mit der Kirche nicht, mit unserer Gemeinde nicht, und nicht - jeder und jede hier - mit sich selbst.**
*Aus: Franz Kamphaus, Gott beim Wort nehmen. Zeitansagen. Herder Verlag, Freiburg Basel Wien 2006.*
Soweit dieser Text.
So dürfen wir uns im Hinschauen auf die verschiedenen Rollen in dieser Geschichte fragen:
**Wer sind wir: der König Herodes** und sein Hofstaat, die nicht aufbrechen wollen und lieber die anderen schicken?- Sie sind die Ablehnenden, die Scheinheiligen und die

Gegner. Aber bedenke: Die Erfahrungen des Glaubens kannst du nicht aus zweiter Hand machen, die kannst du nur persönlich machen.
Oder sind wir die Gleichgültigen, die Unbeweglichen, die sich nicht aus der Ruhe bringen lassen, obwohl ihnen das Geschenk des Glaubens eigentlich bekannt wäre. Sie werden dargestellt durch die **Schriftgelehrten und Hohepriester.**
Die dritte und richtige Haltung wäre die **der Sterndeuter**: niederfallen und anbeten. Im Stall, im Dreck, im Schmutz, im Kind den König der Welt erkennen.
Nicht enttäuscht sein, wenn statt dem Königspalast eine Krippe in einem Stall dasteht. Gott im Alltag erkennen, ihn finden im Saustall der Welt, dort, wo diese Welt zum Himmel stinkt, auch dort ist Gott zu finden, genauso, wie hinter den ewigen Sternenbahnen und in weihrauchgeschwängerten Hochämtern. Wer wirklich an Gottes Gegenwart glaubt, der wird ihn auch finden.
Dann aber dürfen wir von ihnen lernen, nicht fasziniert und hypnotisiert bei der Krippe stehen zu bleiben, sondern das Kind loslassen. Dass Jesus ein allerliebstes Kind ist, ist ja nicht die entscheidende Phase seines Lebens. Wir alle müssen die eigene Kindheit loslassen, müssen unsere eigenen Kinder loslassen und müssen sie wachsen lassen. So müssen wir auch das Krippenkind loslassen. Die Krippe ist ja nur eine Momentaufnahme im Leben Jesu, auch wenn sie in unseren Landen meist bis Maria Lichtmess in den Kirchen stehen, in Wirklichkeit ist diese Idylle nach ein paar Stunden vorbei gewesen.
Auch die Sterndeuter aus dem Osten lassen alles los, sie machen kein Photo, nehmen keine Reliquien mit, einen Fußabdruck, eine heilige Windel etwa oder einen goldenen Strohhalm, aber sie nehmen eine kostbare Erinnerung mit und ganz neue Einsichten. Es heißt ja, dass sie auf anderen Wegen heimkehren, sie gehen neue Wege und Lebenswege.
Wer glaubt, muss aufbrechen, unterwegs bleiben, einem Stern, einer Vision folgen, einen Traum in sich tragen, der weiter reicht als bis zum morgigen Tag. Wir leben ja heute in einer Zeit, wo jeder seine Starallüren hat: Wer will schon einem Stern folgen, jeder möchte selbst der Star, der Stern sein, der Shooting Star bei Starmania, der Dancing Star, der Musical Star, der Fußballstar, der Superstar. Aber all diese Sterne beleuchten nur sich selbst und das nur sehr kurz. Jesus aber kann trotz Ablehnung und Kreuz von sich sagen: „Ich bin das Licht der Welt, wer mir nachfolgt, wird nicht im Finstern gehen."
Ich wünsche uns, dass wir im kommenden Jahr auf solchen lichterfüllten Wegen gehen und selber Licht für andere sein können und den Engel spüren, wenn er uns wieder einmal anstupst.

**Darstellung des Herrn, 2. Februar**

**Licht bringen als Lebensaufgabe**

Maria Lichtmess - so nennt man den Tag, den wir heute feiern, den 2. Februar, den 40. Tag nach Weihnachten, in der kirchlichen Sprache „Darstellung des Herrn" genannt. Wir denken daran, dass an diesem Tag Maria und Josef ihren kleinen Jesus in den Tempel brachten. Keiner hat ihn erkannt, aber einem alten Mann namens Simeon und einer frommen Frau namens Hanna, denen ist ein Licht aufgegangen. Simeon hat das Kind in seine zittrigen Arme genommen und hat Gott gelobt, dass er diesen Tag noch erleben darf, auf den er sein ganzes Leben gewartet hat. Nun kann er beruhigt sein Leben loslassen. Seine Worte sind zum Nachtgebet aller Geistlichen geworden. Sie heißen: „Nun lässt du Herr deinen Knecht in Frieden aus dieser Welt scheiden, denn meine Augen haben das Heil gesehen, das du vor allen Völkern bereitet hast, ein Licht, das die Heiden erleuchtet und Herrlichkeit für dein Volk Israel" (Lk 2,29-31).
Ich denke, dass es nun auch unseren Verstorbenen so geht, dass es uns allen einmal so gehen wird, wie damals dem alten Simeon, dass wir unseren Herrn erkennen dürfen, ihn schauen dürfen von Angesicht zu Angesicht, dass wir das, was wir ein Leben lang gesucht haben, endlich finden dürfen, dass auch uns ein Licht aufgeht, und dass uns das ewige Licht leuchtet, nicht nur in diesen Tagen um Maria Lichtmess.
Denn wir erleben Zeit unseres Lebens ja oft genug viel Dunkles und Schweres, viel Ausweglosigkeit und Finsternis. Das Licht der Hoffnung und der Zuversicht gerät oft genug ins Schwanken und Flackern, oft genug droht es auszugehen. Da dürfen wir uns heute aufrichten und wärmen lassen, dürfen Orientierung finden und neue Wege und Auswege sehen und gehen.
Wenn in diesen Tagen um Maria Lichtmess und Blasiustag, in so vielen Kirchen die Kerzen gesegnet werden, dann könnten wir im Licht dieser Kerzen unser aller Leben betrachten. Da ist die **Taufkerze** am Beginn unseres Lebens. Schon, wenn du in dieses so schwierige und komplizierte Leben herein trittst, begleitet dich Gottes lebendiger Lichtschein. **Die Hochzeitskerze**, die die Zuneigung des Partners zeigt, verkündet, dass die Liebe Gottes noch viel heller und weiter leuchtet und durchhält, die Kerzen am Adventkranz und am **Weihnachtsbaum** bringen uns die Botschaft, dass sein Licht hereinleuchtet in unsere dunkle Welt, die **Osterkerze** spricht vom Sieg des auferstandenen Herrn. Und auch die Kerzen, die wir an den **Gräbern** entzünden, zu Allerseelen und das ganze Jahr über, sie sind nichts anderes, als kleine Osterkerzen, die mutig und trotzig die Finsternis bekämpfen, auch die Finsternis der Trauer und Hoffnungslosigkeit. Und wenn wir dann unser Leben selber als Kerze sehen, dann müssen wir sagen: Unsere Bestimmung ist es zu leuchten. Sicherlich gibt es viele Kerzen, die nichts anders sind als Staubfänger. Sie sind wunderschön anzuschauen, aber sie kommen nicht zu ihrer Bestimmung, erreichen nicht den Sinn ihres Lebens. Auch unsere Bestimmung ist es, zu leuchten durch unsere Worte und Taten, durch unser Gesicht und unsere Gedanken Helligkeit zu verbreiten.
Wenn aber jemand brennt und leuchtet, dann geht es ihm dabei wie einer Kerze: Er wird kürzer und kleiner und schwächer, aber die Welt um ihn wird heller. Wir müssen uns entscheiden, ob wir als Staubfänger oder als Licht leben wollen. Einmal wird es uns allen so gehen, dass wir auf unser Leben zurückschauen, auf Freuden und Leiden, auf Gelungenes und Misslungenes, auf Höhepunkte und Tiefpunkte. Und dann werden wir uns fragen: „Hat mein Leben geleuchtet, habe ich im Großen und Ganzen Licht verbreitet, habe ich mich verzehrt, habe ich mich in Dienst nehmen lassen von Menschen und Aufgaben, die auf mich gewartet haben." Wir hoffen und wissen, dass wir im Rückblick auf unser Leben vieles finden werden, und wir können uns nur bemühen, so zu leben, dass auch bei uns am Schluss viel Gutes da sein wird. Wenn dann unser Körper auch einmal zerfällt, wie eine leere Hülle, wie der geschmolzene Rest einer Kerze, das Licht, das wir verbreitet haben, das kann uns keiner mehr nehmen. Es ist aufgehoben bei Gott, alles Vollbrachte unseres Lebens, und sei es noch so klein, es leuchtet in seinem Licht. Vielleicht ist das das geistliche Testament, das uns jeder Verstorbene hinterlässt, das uns jede abgebrannte Kerze hinterlässt: Lass dich entzünden, stell dein Licht nicht unter den Scheffel, lass das, was Gott in dein Leben hineingelegt hat, zum Vorschein kommen und

vertrau darauf, dass dein Lebenslicht nicht ausgelöscht werden kann, es leuchtet nur auf der anderen Seite weiter.

Fassen wir den dieses Festes noch einmal zusammen mit einem Lied des Friedrich von Spee aus dem Kölner Gesangsbuch im Jahre 1623:
**Maria ging hinaus, zu Zachariä Haus, sie ging in aller Eil, bergauf und ab viel Meil, zur alten Priesterstadt, da sie ihr Base hat. Maria ging geschwind, mit ihrem lieben Kind. Sie ging von Bethlehem, zur Stadt Jerusalem: Und trug zum Tempel ein das zarte Jesulein.**

**Das Kind sie opfert dort nach des Gesetzes Wort. Reicht es dem Priester dar, von Täublein auch ein Paar. Und löset ab mit Geld, den Herren aller Welt. Und Simeon der Greis, kam auf des Herrn Geheiß, er nahm mit großer Lust das Kind an seine Brust.**

**Davon sein Herz aufsprang, dass er vor Freude sang: O Herr, nun lässest du-hinfahren mich zur Ruh. Das Glück ward mir zuteil, zu schauen aller Völker Heil, das Licht in Dunkelheit, des Volkes Herrlichkeit.**

**Auch kam Sankt Anna hin, die fromme Seherin, sie öffnet ihren Mund und macht das Kindlein kund. Sie lobt das Kindlein sehr und sagte, wer er wär. Oh Kind, oh Gottes Sohn, wie froh ist Simeon, wie froh Sankt Hanna ist, dass du gekommen bist. O komm, mach ebenso uns all von Herzen froh.**

## Palmsonntag

### Wer bin ich in der Geschichte?

Wie oft haben wir ihn schon gesungen, den schönen Kanon, oder wir kennen ihn wenigstens vom Hörensagen: **Lobet und preiset ihr Völker den Herrn, freuet euch seiner und jubelt ihm gern, all ihr Völker, lobet den Herrn.** Es ist eine Übersetzung des Psalms 117, einer aus den 150 Psalmen des gleichnamigen Buches im Alten Testament und auch der kürzeste von allen.
Ist es damals in Jerusalem auch so gewesen, als Jesus auf dem Esel in seine Stadt eingezogen ist, in jene Stadt, in der sich sein Schicksal erfüllen sollte mit all seinen Tiefpunkten und Höhepunkten? Haben sich da wirklich alle gefreut und den Herrn gelobt und gepriesen? All ihr Völker, lobet den Herrn?
Ich denke, so großartig wird es sicher nicht gewesen sein. Man war ja in dieser Stadt und in allen Städten, in denen die Römer herrschten, ganz andere Aufzüge gewohnt. Wenn siegreiche Herrscher mit ihren Soldaten, Pferden und Rüstungen heimkehrten, das waren die Ereignisse, die die Menschen auf die Beine brachten. Oder, wenn bei den berühmten und traditionellen Wallfahrtsfesten die Massen in den Tempel strömten, um dort ihre Opfer zu bringen, da gab es etwas zu sehen. Aber so ein unauffälliger Prophet vom Land, der auf einem Esel daherkommt, umgeben von einer Schar eher ärmlicher Anhänger? Allzu viele werden da wohl nicht gekommen sein. Ja, es steht sogar geschrieben, dass die Leute gefragt haben: „Wer ist denn das, den kennen wir gar nicht."
Dennoch aber ist es wenige Tage später so weit, dass die mächtigen Römer diesen Jesus als Bedrohung empfinden, dass die frommen Schriftgelehrten und Pharisäer bis hin zum Hohepriester ihn als Gotteslästerer verurteilen, und dass viele von denen, die am Palmsonntag *Hosanna* geschrien haben, nun fordern: „Kreuzige ihn!"
Wir können an diesem Einzug Jesu in Jerusalem also ablesen, dass er zwar äußerlich unspektakulär, aber innerlich doch voller Sprengkraft ist.
Warum ist der gute, Wohltaten spendende Jesus so gefährlich? Warum muss der beste Mensch auf Erden beseitigt werden? Ein wenig können wir das an den Ereignissen des Palmsonntags ablesen.
Jesus zeigt uns einen Gott, der nicht als Kriegskönig daherkommt, als Vernichter seiner Feinde, als starker Held, sondern als Friedenskönig. Er reitet auf einem Esel, dem Lasttier der Armen, damit alle merken, auf wessen Seite er steht, und wer mit ihm rechnen darf. Nicht Soldaten oder Verehrer sammelt er um sich, sondern Nachfolger, die in seinem Sinne weiter leben und weiter handeln. Und er öffnet uns die Augen für einen Gott, den wir Vater nennen dürfen und dessen Liebe wir uns nicht erst verdienen müssen. Vor ihm sind alle gleich wichtig und wertvoll, jeder hat sein Ansehen und seine Würde. Solche Gedanken müssen herausfordern, solche Sätze stellen Ansprüche an das ganz andere Gottes- und Menschenbild seiner Zeit. Jesus steckt diese Ansprüche nicht zurück, als das Unheil seinen Lauf nimmt, er steht zu seinem Wort, auch dann, als die Bedrohung lebensgefährlich wird, gerade das macht ihn glaubhaft, gerade deshalb dürfen wir ihm auch alles andere abnehmen, was er sonst noch gesagt und getan hat.
So ist der Palmsonntag schon eine kleine Vorschau dessen, was in dieser Karwoche noch geschehen wird: Der bescheidene, demütige König auf dem Esel wird noch tiefer sinken und unter die Räder der Mächtigen geraten. „Er war wie Gott, " heißt es in der Lesung, „und wurde wie ein Sklave." Wir wissen, dass er dort nicht bleiben wird, aber er muss an diese letzte Stelle, um mit allen, denen es ähnlich geht, solidarisch zu werden.
Die Geschichte des Palmsonntags bietet mir aber auch an, in verschiedene Rollen zu schlüpfen. Wer bin ich in der Geschichte?
Bin ich der, der jubelt und winkt? Der Begeisterte, der mitreißende, freudige, frohe Jünger?
Bin ich der, der dem ganzen Aufwand eher reserviert gegenübersteht oder ablehnend? Fühle ich mich bedroht oder ängstlich oder eingeschüchtert, in meiner Ruhe gestört durch ihn?
Oder gleiche ich eher der anonymen Großstadt Jerusalem: Lässt mich alles kalt, bleibe ich gleichgültig, sind mir mein Alltag und meine Geschäfte wichtiger? Oder könnte ich auch der sein, der je nach Wetterlage einmal „Hosanna, hoch soll er leben" schreit und ein anderes Mal „Kreuzige ihn?"

Und schließlich könnte ich denn nicht auch noch der Esel sein und mich fragen: „Trage ich Jesus trotz allem zu den Leuten, trotz all der verschiedenen Erwartungen und Gefühle, trotz Drohung und Lebensgefahr? Trotz meiner kleinen Kraft, meiner grauen Alltäglichkeit, trotz meiner schrecklichen Mittelmäßigkeit? Bin ich auch in meinem Glauben genauso störrisch und unverdrossen wie ein Esel? Habe ich eine Eselsgeduld mit mir, mit meinen Mitmenschen? Kann ich Lasten tragen, eigene und fremde?
Wo gehöre ich hin? Manchmal bin ich der und manchmal der andere, aber lässt sich eine Richtung feststellen?"
Schauen wir noch einmal hin auf die Stadt Jerusalem und nehmen wir an, ich selber bin diese Stadt. Wenn Gott einzieht in mich, dann geschieht das auch eher unauffällig und unaufdringlich: Er schleicht sich manchmal durch irgendeinen Gedanken in meine Gehirnwindungen, er versteckt sich in irgendeinem Wort, das sich durch meine Gehörgänge den Weg in mein Inneres bahnt, in seinem Wort und in seinem Brot, in einem Augenblick der Schönheit kann er bei mir ganz persönlich Palmsonntag halten. Er betritt mein Inneres in seinen Sakramenten, er erfüllt mich mit seinem Heiligen Geist, er möchte mein Leben verwandeln, er lässt mich nicht in Ruhe und lässt mir trotzdem meine Freiheit. Spüre ich ihn in der Stadt meiner Seele, und bin ich froh, dass er da ist?
Lauter solche unbequemen Fragen stellt mir der Palmsonntag, Fragen, denen ich gern aus dem Weg gehe, und die ich doch nicht verdrängen darf.
Jedenfalls brauchen wir die Hoffnung nicht aufgeben, dass die Zeit einmal kommt, wo es stimmt, dass alle Völker den Herrn loben, wo sie sich angesprochen fühlen, wenn es heißt: Lobet und preistet ihr Völker den Herrn, freuet euch seiner und dienet ihm gern.

## Gründonnerstag

### Eine doppelte Hinterlassenschaft

Wir feiern heute eine Hinterlassenschaft. So viele berühmte Menschen haben uns ganz berühmte Sachen hinterlassen. Denken wir nur an die Pharaonen, die uns die Pyramiden hinterlassen haben, an die römischen Kaiser mit ihren Triumphbögen, an Architekten mit ihren Türmen, wie zum Beispiel dem Eiffelturm in Paris, an Künstler mit ihren Gemälden, an Baumeister, deren Kathedralen und Dome wir immer noch bewundern oder Dichter mit ihren Werken. Heute feiern wir eine Hinterlassenschaft ganz anderer Art. Nicht eine aus Stein, aus Farben oder Papier, sondern eine aus Brot und Wein, in der ein ganzes Leben angedeutet und mitgemeint ist.

Mit dem Kreuzzeichen, unserem christlichen Identitätszeichen, haben wir diesen, wie jeden anderen Gottesdienst begonnen. Es gibt viele Interpretationen dieses Zeichens, eine davon steht heute im Mittelpunkt: Es ist die Verbindung von Gottesliebe und Nächstenliebe. Der senkrechte Balken hebt unseren Blick zum Himmel, zu Gott, der sich so unbegreiflich uns Menschen zuneigt. Er steigt zu uns herab und wir dürfen zu ihm hinaufsteigen. Und dann der waagrechte Balken, der Blick zur Seite, nach links und rechts, zum Mitmenschen, zum geliebten und auch weniger geliebten Nächsten. Der Blick nach oben und der Blick zur Seite, beide Blickrichtungen verbinden sich zum Kreuz. Und genau in der Mitte dieser Kreuzung hängt der ausgespannte Jesus mit den einladend geöffneten Armen und zieht alle an sich. Er lässt sich festnageln auf sein Lebensangebot der Gottes- und Nächstenliebe.

Und heute, am Gründonnerstag, da feiern wir eigentlich denselben Inhalt. Die Verbindung zu diesem menschenfreundlichen Gott, die Vertikale, dargestellt in der Einsetzung der Eucharistie beim letzten Abendmahl und die Horizontale, die Verbindung zum Menschen an unserer Seite, dargestellt im Zeichen der Fußwaschung.

Zunächst also schauen wir hin auf das letzte Abendmahl: Der Name sagt uns schon, dass es das letzte Mal ist, dass er mit seinen Freunden beisammen sitzt. Es ist ein Abschiedsessen. Alles, was in dieser Stunde geschieht, hat den Charakter eines Testamentes, ein Nachlass, ein letzter Wille, ein Abschiedsgeschenk. Es ist, wenn man es genau bedenkt, die erste Hl. Messe, die er da mit seinen Aposteln feiert. Wenn er dann sagt: „Tut dies zu meinem Gedächtnis", dann ist das für die Kirche der Zukunft Geschenk und Auftrag, es ist Gabe und Aufgabe zugleich gewesen. Die Feier des Herrenmahles, das Brotbrechen, das hat die Christen seitdem zusammengehalten, von den ersten Zusammenkünften in den Häusern angefangen, über die lebensgefährlichen Feiern in den Katakomben während der römischen Christenverfolgung, bis hin zu den feierlichen, weihrauchgeschwängerten Hochämtern. Immer ist es die Feier der Eucharistie gewesen, die die Christen zusammengehalten und gestärkt hat. Diese Feier ist so für die Existenz der Kirche lebens- und überlebenswichtig geworden.

Dennoch aber ist jede Hl. Messe mehr als ein bloßes Gedächtnismahl an einen längst Verstorbenen, wie etwa ein Requiem oder ein Jahresgedenktag. Nein, es ist Gegenwärtigsetzung, Erinnerung daran, dass er lebendig da ist, in unserer Mitte, er sitzt mit uns am Tisch, er bricht auch jetzt mit uns das Brot, er stärkt uns auch jetzt mit seinem Wort.

Wenn wir dann das Brot brechen, dann erinnern wir uns auch daran, dass er selbst gebrochen und zerbrochen wird am Kreuz, dass er das Opfer seines Lebens darbringt und uns so Gottes unbeirrbare Nähe und Liebe zeigt. Ein Opfermahl hat man diese Feier deshalb auch oft genannt. Weil uns dieses Angebot Gottes nur mit Dank erfüllen kann, hat die Hl. Messe den Namen Eucharistiefeier, das heißt Dankfeier, bekommen.

Aber nun müssen wir auch hinschauen auf den waagrechten Balken, auf den zweiten Pol des Gründonnerstags. Was wir hier feiern, hat den Namen **Messe** bekommen. Dieses Wort kommt vom ehemaligen lateinischen Schluss der Eucharistiefeier: *Ite, missa est*. Das heißt: *Gehet, ihr seid gesendet*. Messe heißt Sendung. Wir sind nicht hier zum Kuscheln in vertrauter Runde, sondern sollen hinausgehen in den Alltag, zu Freunden und Feinden und auch zu den ganz gewöhnlichen Menschen, und sollen nicht weniger versuchen, als dass wir uns zu ihnen hinunterbücken, so wie Jesus es beim letzten Abendmahl auch getan hat, als er seinen Freunden die Füße gewaschen hat. „Seht, was

Gott an uns Menschen tut"- das wollte er uns damit zeigen. „Sehet dies Wunder, wie tief sich der Höchste hier beuget, sehet die Liebe, die endlich als Liebe sich zeiget!". So haben wir in der Weihnachtszeit gesungen. Und dieses Wunder dürfen wir nicht für uns behalten. „Tut dies zu meinem Gedächtnis!", das gilt nicht nur für das Feiern, das gilt auch für die Fußwaschung, für diesen Sklavendienst. Es gilt der klare Auftrag Jesu, ausgesprochen in den letzten Stunden seines Lebens: „Wenn nun ich, der Meister und Herr, euch die Füße gewaschen habe, dann müsst auch ihr das Gleiche tun!"(Joh 13,15). Wir wissen schon, dass damit mehr gemeint ist als ein Reinigungsdienst, eine Desinfektion, ein äußerlicher Vorgang. Fußpflegerin ist heute ein achtbarer Beruf, früher war es niedrigster Sklavendienst. Fußwaschung heißt: Klein werden können, demütig sein, den anderen anerkennen, auch wenn er nicht meiner Meinung ist, auch wenn er alt ist, behindert ist, hilflos ist und arm. Fußwaschung heißt: Vom hohen Ross heruntersteigen können, solidarisch werden, den Schmutz und den Dreck dieser Welt zur Kenntnis nehmen und sich hineinknien in diese unvollkommene Welt. Die Kirche hat das immer wieder versucht, mit ihrer Caritas, ihren Spendenaufrufen, Krankenhäusern und Behindertenheimen, mit ihrem Einsatz auf den dunklen Schauplätzen der Welt. Wenn wir diesen Dienst ausblenden, dann wäre unser Feiern scheinheilig und unecht. Das seltsame Zeichen der Fußwaschung beim letzten Abendmahl will uns Christen immer wieder vor der Versuchung bewahren, eine reine Feiergemeinschaft zu werden.
So dürfen wir dieses Zeichen des Kreuzes, das morgen, am Karfreitag, im Mittelpunkt steht, heute schon vorwegnehmen als das Zeichen dafür, dass sich in Jesus die Gottesliebe und die Nächstenliebe in einzigartiger Weise verbunden haben. Für uns aber soll es Anregung sein, dass Gottesdienst und Menschendienst zusammengehören. Die heilige Speise, die wir dabei empfangen, möge uns dazu immer wieder stärken und ermuntern.

**Karfreitag**

**Die Nagelprobe seiner Liebe**

Wir haben die Leidensgeschichte gehört. Wie er im Garten seinen Tod kommen sieht. Seine Freunde schlafen. „Könnt ihr nicht eine Stunde mit mir wachen?" fragt er. Oder heute: „Könnt ihr nicht eine Schweigeminute am Karfreitag um drei aushalten? Wo ihr doch am Beginn der Sommerzeit, murrend zwar, aber doch, auf eine ganze Stunde kostbaren Schlaf verzichtet? Könnt ihr nicht ein Eishockeyspiel verschieben? Könnt ihr nicht einen Abend lang auf die Disco verzichten?"
Seine Freunde schlafen und hoffen, dass alles nur ein böser Traum war, wenn sie aufwachen. Aber nein:
Verhaftung, Verrat, Verleugnung, Angst, Feigheit, Mutlosigkeit, hektische Flucht, Verzweiflung. Nur er bewahrt die Ruhe. Selbst sein Schrei am Kreuz: „Mein Gott, warum hast du mich verlassen", ist noch ein Glaubensbekenntnis. Sich von Gott verlassen glauben und dennoch zu ihm rufen und an ihm festhalten, sein Schweigen aushalten. Die ewige Warum-Frage stellen und keine Antwort bekommen und doch die Antwort des Ostermorgens erhoffen.
Wir haben das Kreuz nach vorne getragen. Wir haben die Hammerschläge gehört. Leicht sind die Nägel durch das Fleisch gefahren, ohne nennenswerten Widerstand und haben sich im Holz verankert. Einen für die linke Hand, die vom Herzen kommt, einen für die rechte Hand, die zupacken kann, einen für beide Füße, die ihn durchs Leben tragen, hin zu den Kleinen. Drei Nägel nur. Die Römer waren sparsam, bei ihren Festen und Gebäuden nicht so sehr, aber bei Hinrichtungen schon. Nun ist der angenagelt, der allen die Freiheit verkündet hat, die Freiheit von ihrer Angst, die Freiheit sogar vom Tod. Der Anführer des Lebens, nun hängt er fest.
Und doch zeigt er gerade hier seine höchste Freiheit: Dass er auch dann zu seinem Programm steht, wenn es auf solches Missverständnis, auf solche Ablehnung stößt. Kein Fluch, keine Verwünschung, kein Racheschwur verlässt seine Lippen. Eine Vergebungsbitte stattdessen.
Angenagelt mit Händen und Füßen, das heißt: Was er sagt, hat Hand und Fuß, darauf lässt er sich festnageln, davon lässt er sich nicht abbringen. Mit Hand und Fuß, mit Haut und Haaren ist er da für uns, er lässt sich von seinen Menschen aufs Kreuz legen, das Kreuz, das ist im wahrsten Sinne des Wortes die Nagelprobe seiner Liebe. Der Lanzenstich des Soldaten zeigt uns, dass er schließlich auch sein Herzblut gibt. Auch im Tod die Arme ausgebreitet, als wollte er die Welt umarmen. An seinen Wundmalen werden sie ihn erkennen.
An seinen Wunden dürfen auch wir ihn erkennen, ihn ernstnehmen, und dürfen in diesem radikalen Eintreten für uns auch erkennen, welche Würde jeder Mensch hat, wie sehr wir uns selber schätzen und kostbar sein dürfen.

**Karfreitag im Jahre 2015**

**Der weinende Prophet Mohammed**

Als heuer am Anfang des Jahres in Paris die Redaktion der Satirezeitung Charlie Hebdo von Islamisten angegriffen wurde, und dabei acht Personen ermordet wurden, da war der Schock groß. Protestmärsche in ganz Europa und die Frage, wie man darauf reagiert, wie es weiter gehen solle. Man wartete gespannt auf die nächste Wochenausgabe.
Dort war dann auf der Titelseite zu lesen: Alles ist vergeben. Darunter ein Bild des Propheten Mohammed mit Tränen in den Augen. Der überlebende Kollege, der die Titelseite gestaltet hatte, weinte selbst, als er die Erklärung dazu lieferte: Es gab die Idee, den Propheten Mohammed zu zeichnen. Mohammed ist ein kleiner Mann, der weint. Viele Muslime haben sich darüber aufgeregt. Man darf den Propheten nicht zeichnen und so schon gar nicht. Das ist streng verboten, das ist eine Beleidigung.
Wir Christen aber dürfen das. Unser Gott weint am Grab seines Freundes Lazarus, er weint im Garten Getsemani, er stirbt selbst zu Tode gefoltert mit einem Schrei am Schandholz des Kreuzes, er sorgt sich um die, die im Namen der Religion töten, denn sie wissen nicht, was sie tun und er sagt: „Alles ist vergeben."
Wie viel friedlicher könnte die Welt sein, auch die islamische Welt, wenn ihr Prophet nicht nur ein Eroberer wäre, einer der Schlachten gewinnt, der gegen die Ungläubigen kämpft, der sich den Koran diktieren lässt, der weise Worte von sich gibt, sondern einer, der weinen kann, der vergeben kann, der auch das Schlimmste vergeben kann, den Angriff auf meine Überzeugungen, auf meinen Glauben, den Angriff auf meine Freunde, auf mein Liebstes.
Jesus hat uns das vorgemacht und vorgelebt, und er provoziert uns damit und fragt auch dich und mich: Kannst du vergeben? Gott, den anderen, dir selbst? Und kannst du selbst an die Vergebung glauben? Und danach neue Wege gehen?
Anders kommen wir aus dem Kreislauf der Rache und Vergeltung nicht heraus.

**Karsamstag und Speisensegnung**

**Eine Kärntner Spezialität**

Karsamstag: Das ist der Tag der Grabesruhe Jesu. Außer der Feier der Auferstehung, der Osternacht, der wichtigsten Liturgie des Kirchenjahres, die erst nach Sonnenuntergang gefeiert werden darf, sollte es an diesem Tag keine Gottesdienste geben. Nicht so in Kärnten. Ganz abgesehen von den Anbetungsstunden am Heiligen Grab steht dieser Tag ganz im Zeichen der österlichen Speisensegnungen, auf gut Kärntnerisch einfach „Fleischweich" genannt. Sie beginnen meist schon am Vormittag und werden im Stundentakt bis zum frühen Abend gefeiert. Menschen aus allen Schichten und Gruppen, auch aus allen Konfessionen, auch aus der „Konfession" der Ausgetretenen, versammeln sich an diesem Tag in und vor Kirchen, Kapellen und Bildstöcken und stellen dort ihre „Weihkörbe" auf. Diese Weidenkörbe sind gefüllt mit traditionellen Speisen: Auf jeden Fall Schinken und Würste, Kren, der sogenannte Reinling (ein mit Rosinen, Zimt und Zucker gefülltes Weißbrot), Eier, Süßigkeiten, manchmal auch alkoholische Getränke. Ganz genau kann man das nie sagen, da oben auf dem Korb die Weihkorbdecke aus feinem Leinen liegt, kunstvoll gestickt und verziert.
Manche Segensspender können ob des vorösterlichen mehr oder weniger frommen Massenandrangs der Versuchung nicht widerstehen, ein ironisches oder sarkastisches Wort fallen zu lassen. „Ich wünsche nicht nur frohe Ostern, sondern gleich schon frohe Weihnachten und ein gutes neues Jahr, denn die meisten von Ihnen werde ich erst wieder bei der Speisensegnung sehen!", sollen schon so manche gesagt haben. Manche Leute sind dann verärgert oder enttäuscht und oft verschwindet dann auch noch dieser letzte Rest religiöser Bindung.
Ich versuche bei diesen Gelegenheiten mich besonders anzustrengen. Ich habe dann wenigstens einen guten Eindruck hinterlassen und vielleicht kommen manche wieder, irgendwann, wer weiß! Und ich vergesse auch nie zu erwähnen, dass die Speisensegnung erst die Vorspeise zum Osterfest ist, wer das ganze Menü genießen will, der kommt auch zur Hauptspeise der Osternacht zum Festgottesdienst am Ostersonntag oder zur Nachspeise am Ostermontag.

**Speisensegnung**

**Mehr als Essen auf Rädern**

In einer humorvollen, witzigen und natürlich erfundenen Geschichte wird erzählt, wie die Mäuse in den Himmel kommen. Voller Schrecken bemerken sie, dass es da auch Katzen gibt, und sie beschweren sich bei Petrus. Der hat Mitleid und rüstet die Mäuse mit Rollschuhen aus, damit sie schneller flüchten können. Am nächsten Tag erscheint eine Delegation der Katzen bei ihm, um sich zu bedanken. „Wofür denn?", fragt Petrus erstaunt. „Für das Essen auf Rädern."
Dieser lustige Einfall soll uns heute ein Anlass sein, bei unserer Speisensegnung nachdenklich zu werden.
**Essen auf Rädern** - auch für die Katzen im Himmel:
Wenn das wahr wäre, müsste man doch Mitleid haben mit den armen, ängstlichen Mäusen. Jetzt freuen sie sich nach einem Leben voller Todesangst auf die ewige Freude und Ruhe, und nun müssen sie im Himmel schon wieder Angst haben. Hört das denn nie auf mit dem ewigen Fressen und Gefressen werden? Auch auf menschlicher Ebene geht es ja immer mehr genauso zu. Die Bibel aber spricht von der großen **Vision des Schöpfungsfriedens**, wo es keine Feindschaft mehr gibt. Immer, wenn wir miteinander essen, dann bekommen wir eine Ahnung, wie das sein könnte. Denn der beste Kärntner Reinling schmeckt nur, wenn Friede herrscht am Tisch, der Hass verdirbt den Magen. So könnte unsere Osterjause schon ein Vorgeschmack des himmlischen Hochzeitsmahles sein. Die Osterjause ist ein Geschenk mit Hausaufgabe und wer diese Hausaufgabe erledigt, dem schmeckt sie doppelt so gut.
**Essen auf Rädern:** für viele alte und einsame Menschen ist das oft der einzige Besuch am Tag und oft auch das einzige Lebenszeichen, das sie von sich geben, wenn das leere

Geschirr wieder vor der Tür steht oder gar persönlich abgegeben wird. Im besten Fall werden dann auch noch ein paar Worte gewechselt. Das ist dann die Nahrung für die Seele, die ja genauso wichtig ist, wie das Schnitzel, der Schweinsbraten und der Osterschinken. Sollten wir einander nicht viel mehr auch damit beschenken und solche Nahrung in Anspruch nehmen?
Nicht umsonst ist ja ein anderer Name für Nahrung: Lebens-Mittel. Um glücklich und erfüllt zu leben, braucht es auch diese einfachen und herzhaften Dinge, wie Aufmerksamkeit, Kontakt, ein offenes Ohr und eine helfende Hand. Auch diese unsichtbaren Gaben müssen in jedem Weihkorb drinnen sein, sonst wirkt der Segen nicht.
**Essen auf Rädern:** Das heißt auch, dass Nahrung überall und jederzeit verfügbar ist, sogar jetzt, am Karsamstag am Nachmittag, werden noch einige Geschäfte offen haben, und sie werden nur deshalb offen haben, weil es Leute gibt, die auch wirklich kommen. Das Menü wird dir gegen Aufzahlung sogar ins Haus gebracht, zumindest in unseren Ländern. Keiner muss verhungern, wenn die Finanzen nur halbwegs stimmen. Alles ist im Überfluss da und wird im Überfluss auch weggeworfen. Wenn wir schon seufzen, dann nicht vor Hunger, sondern vor der Qual der Wahl. Längst schon ist das Essen nicht mehr nur auf Rädern unterwegs zu uns, sondern auch auf Schiene, per Schiff und per Flugzeug wird uns exotischer Gaumenkitzel frisch oder eben erst aufgetaut auf den Teller serviert. Ist uns noch bewusst, wie es wächst, welche und wie viele Menschen da mitarbeiten? Denken wir manchmal an die restlichen zwei Drittel der Menschheit, denen der Bauch nicht weh tut vom vielen Essen, sondern vom wenigen Essen? Müssten wir da nicht viel dankbarer und bewusster genießen?
Und schließlich kommt das Essen immer schon in veredelter Form zu uns. Der Koch, der Bäcker, die Hausfrau, das sind die großen **Verwandlungskünstler,** sie verwandeln Rohstoffe in köstliche Nahrung und machen sie genießbar. Unser Körper ist der nächste Verwandlungskünstler: Er verwandelt das Essen in Energie und Wärme. Und nun müsste die Verwandlung eigentlich weitergehen. Wir müssten diese Energie verwandeln in Hilfsbereitschaft, in Tatkraft und Freundlichkeit. Dann werden aus ungenießbaren Menschen, die sich so oft nicht riechen und ausstehen können, wieder genießbare und umgängliche Personen, die füreinander zum Lebens-Mittel werden.
Zu Ostern ist Jesus für die Menschheit zum Lebens-Mittel schlechthin geworden. Wir dürfen uns an ihm ein Beispiel nehmen.

**Österlicher Kindergottesdienst**

**Jesus, der Stehaufmann**

Die Lieblingssendung vieler Kinder heißt „Kommissar Rex". Meistens geht es bei diesen Geschichten um einen Mord, und der gescheite Schäferhund hilft mit, den Mörder zu finden. Aber die vielen Leute, die bei Kommissar Rex und anderswo ermordet werden, glaubt ihr, die sterben wirklich?
Nein, natürlich nicht. Sogar, wenn das ganz echt aussieht, es ist nur ein Film, ein Trick, der Tod ist nur gespielt. Er ist natürlich nicht echt und nicht ernst. Wenn der Film vorbei ist, dürfen alle toten Schauspieler wieder aufstehen und in einem anderen Film mitspielen.
Was aber damals mit Jesus geschehen ist, das war kein Film, das war leider ganz wirklich und ernst und schmerzvoll. Sein Tod war kein Trick. Er ist wirklich gestorben, er ist wirklich begraben worden, und der Stein vor seinem Grab ist ein wirklicher, schwerer, großer Stein gewesen.
Aber am dritten Tag, da ist er wirklich aufgestanden. Keiner hat's gehofft und geglaubt, dass der jemals wieder aufsteht, dieser Jesus, wo er doch so tot war. Aber nun spielt Jesus nicht in einem anderen Film mit, nein, nein! Jetzt ist alles anders geworden. Die alte Geschichte vom Sterben hat ihren Schrecken verloren. Seit Jesus wie ein Stehaufmann den Tod besiegt hat.
Ich hab so einen Stehaufmann mitgebracht. Ich wette, die meisten von euch wissen nicht, was das ist, sie wissen zwar, was eine Play-Station oder ein Gameboy oder ein Computer ist, aber nicht, was ein Stehaufmann ist.....
Der beste Stehaufmann der Welt, das ist Jesus. Der Tod hat ihn zwar zu Boden gedrückt, aber er hat ihn nicht besiegt. Wer an diesen Jesus glaubt, der ist selber so ein Stehaufmann und eine Stehauffrau. Der Auferstandene ruft jedem von uns zu: „Steh auf, wenn du traurig bist, steh auf, wenn du beleidigt bist, steh auf, wenn nicht immer alles so geht, wie du willst, steh auf gegen Unrecht und Gemeinheit, steh auf gegen Spott und Verrat. Sei ein Stehaufmann oder eine Stehauffrau. Steh auf, Franz und Sepp und Elisabeth, Valentina, Conny und Benedikt, wie auch immer du heißen magst, bleib nicht am Boden liegen, schau auf mich", sagt Jesus, „auf mich, den Stehaufmann und steh selber auf. Es gibt so viel Schweres, das dich zu Boden drücken will. Aber bleib nicht liegen. Steh auf! Dann ist Ostern. Sonst nicht!".

**Osternacht**

**Leuchtend auferstehen**

Eben sind wir in die dunkle, finstere Kirche herein gezogen, haben im Schein der Osterkerze und an ihr unsere eigenen Kerzen entzündet und haben so die Dunkelheit vertrieben. So haben wir es gemacht, wie gestern, am Karfreitag. Das Zeichen des Kreuzes, das uns längst schon selbstverständlich geworden ist, das haben wir verhüllt, wie jene berühmten Verpackungskünstler, die ganze Gebäude verhüllen. Dann haben wir das Kreuz ausgepackt und enthüllt und haben es mit neuen Augen angeschaut, haben es wieder ein Stück weit entdeckt und verstanden. Heute machen wir es so mit dem Licht. Ganz selbstverständlich ist es da, das Licht, es fällt uns nicht auf, dass in der Früh die Sonne aufgeht, dass es hell wird, und mit Hilfe der Elektrizität können wir sowieso die Nacht zum Tag machen. Die Feier der Osternacht aber beginnt in der Dunkelheit, damit wir das Licht wieder neu schätzen lernen. Vielleicht unterscheidet das einen Optimisten von einem Pessimisten. Der Optimist sagt: „Nach jeder Nacht kommt der Tag, die Dunkelheit wird besiegt vom Licht und letztlich - das Leben ist stärker als der Tod." Der Pessimist sagt: „Am Ende wird es doch wieder Nacht, die Dunkelheit ist Sieger und am Schluss bleibt der Tod." Das Osterfest ruft uns auf, die Sichtweise zu ändern. Im Glauben dürfen wir unverbesserliche Heilsoptimisten sein. Wir dürfen uns anstecken lassen von dem, der gesagt hat: „Ich bin das Licht der Welt, wer mir nachfolgt, wird nicht im Finstern gehen." „Ich bin das Licht der Welt", hat er gesagt, nicht: „Ich bin die Neonröhre, die Glühbirne, die Sparlampe, der Kronleuchter." Wie wir eben von der Osterkerze das Licht bekommen haben, und es, wie einen ansteckenden Virus, in der ganzen Kirche verbreitet haben, von einer Hand zur andern Hand, so ist auch das Licht des Osterglaubens ansteckend, und es gibt keinen Arzt oder Apotheker, der uns daran hindern könnte, diesen ansteckenden Ostervirus zu verbreiten, nur wir selber können dieses Licht wieder auslöschen. Vielleicht wird es zur Funzel, zur Glut, aber ganz ausgelöscht kann es nicht mehr werden, weil wir auf einen Gott vertrauen, der das geknickte Rohr nicht zerbricht und den glimmenden Docht nicht auslöscht.

Und wenn wir schon beim Docht sind: Ich darf Sie nun einladen, dass Sie Ihre Kerze in die Hand nehmen und sie einmal bewusst anschauen. Da ist zunächst einmal eine Menge Wachs. Viel oder wenig, dick oder dünn, verziert, klein oder groß. Wie die Menschen eben auch, wie unsere verschiedenen Lebensschicksale. Aber etwas haben alle Kerzen gemeinsam, schauen wir nur genau hin. Das ist der Docht. Der Docht ist die Stelle, wo die Kerze leuchtet. Der Docht, das ist unser Inneres, unsere Seele, unser Glaube, unsere Gottesbeziehung, unsere Sehnsucht nach Ewigkeit und Glück und endgültiger Heimat. Auch, wenn unsere Kerze in der Mitte entzwei bricht, dieser Docht bleibt erhalten. Auch, wenn unser Leben viele Bruchstellen aufweist, es kann letztlich nicht zerbrochen werden. Der Docht, der rote Faden der Liebe Gottes, er kann immer wieder entzündet werden.

Wenn wir dann anschließend beim Taufbekenntnis unsere Kerze wieder anzünden lassen, dann denken wir daran: Sie kann sich nicht selbst entzünden, sie kann nur angezündet werden. In einem Lied heißt es: *Einer hat uns angesteckt, mit der Flamme der Liebe, einer hat uns aufgeweckt, und das Feuer brennt hell.*

Wenn wir dann die brennenden Kerzen in den Händen halten werden, dann fällt uns ein: Wie unsere Kerze ausschaut, ist nicht entscheidend. Entscheidend ist, dass sie brennt, dass sie leuchtet. Freilich, das hat einen Nachteil: Wer brennt, wird kürzer, wird weniger, er verzehrt sich, er gibt sein Leben hin, wie Jesus es auch hingegeben hat.

Der Pessimist sagt: „Schade um die schöne Kerze, sie ist schon so klein." Der Optimist sagt: „Gott sei Dank, die Kerze hat schon so lang geleuchtet, sie hat schon so viel Wärme verbreitet, sie hat ihren Sinn erfüllt." Die Substanz vergeht, die Materie schmilzt dahin, das Licht, das sie geschenkt hat, kann uns niemand nehmen und bei Gott bleibt alles erhalten.

Auch wenn unser Leuchten niemand beachtet, insgesamt ist die Welt doch heller geworden, insgesamt wächst das Reich Gottes doch auch dort, wo ich lebe, und am Schluss wird es sich zeigen, dass nichts vergeblich gewesen ist. So macht uns das Osterfest immer neu zu unverbesserlichen Optimisten. Es macht uns ansteckend im Guten, der Schein der Osterkerze strahlt nicht nur auf unseren Gesichtern, er strahlt auch hinein in manche Dunkelheiten. Mögen wir es spüren und erfahren und weitergeben.

## Zum Osterfest

### Wie buchstabiert man Ostern?

Ich möchte an diesem Ostermorgen einen kleinen Anschauungsunterricht in Sachen Hoffnung halten, mir und uns allen ein sichtbares Zeichen österlicher Zuversicht mitgeben. Dazu habe ich ***5 Buchstaben*** mitgebracht.
Der erste Buchstabe ist ein ***L. L- wie Leben***. Die Osterzeit fällt ja immer in die Zeit der neu erwachenden Natur. Alles beginnt zu blühen und zu grünen, ein einziger Schrei nach Leben. Von der kleinsten Bakterie bis hin zum Menschen, alles trägt diesen Schrei nach Leben in sich. Wenn der Mensch den Mutterleib verlässt, dann schreit er nach Leben. Die Geburt ist ja immer eine Art Todeserfahrung: Rundherum ist man geborgen und geschützt im Mutterleib, und nun muss man das alles zurücklassen. Und doch tauscht man es ein gegen ein neues Leben mit bis dahin unvorstellbaren Entfaltungsmöglichkeiten. L- wie Leben!
Und nun kommt der zweite Buchstabe: das T.
***T- wie Tod.*** Der Tod ist die große Einschränkung all unserer Lebensmöglichkeiten. Was auch immer wir im Leben beginnen, bauen, denken, die Familien, die wir gründen, die Kinder, die wir in die Welt setzen, die Beziehungen, die wir eingehen, alles ist bedroht von diesem Todeskeim, alles ist infiziert mit diesem Todesvirus. Es gibt nur ein Gegenmittel gegen diesen Todesvirus: Dass wir mit anderen Augen und Herzen hinschauen und im Tod eine neue, zweite, endgültige Geburt erkennen. Wenn schon nach der Todeserfahrung der Geburt aus dem Mutterleib ein ganz anderes, ein weites, erfülltes, langes Leben gefolgt ist, sollte es etwa im Tod nicht auch wieder so sein? Meine Existenz, ein Mutterleib, der für mich zu eng geworden ist, den ich nun zurücklassen muss, um Neues, Größeres zu besitzen? Aber trotz dieser Hoffnung bleibt der Tod etwas Angstvolles, Schmerzvolles, etwas, was ganz dunkel ist, etwas, wo jeder allein ist. Diesen endgültigen Schritt kann dir keiner abnehmen, und trotz aller Hoffnung ist er vorerst ein Schritt in die Dunkelheit.
So geht es dem Menschen, so geht es mir. Deshalb die anderen ***Buchstaben: I-C-H, ich***, so heißt dieses Wort. Es ist klein geschrieben. Wenn ich an den Tod denke, werde ich klein. Der Tod macht allen menschlichen und irdischen Größenwahn zunichte. *Er hobelt alle gleich*, heißt es in einem Lied. Mein **Ich** wird klein, vor der dunklen Realität der Begrenzung meines irdischen Lebens.
Aber nun kommt der österliche Blickwinkel. Wenn wir nun noch einmal diese Buchstaben anschauen. Das L, wie Leben und das T wie Tod, und zwischen Leben und Tod hineingespannt und hineingeklemmt mein kleines Ich, dann ergibt das ein Wort, nämlich das Wort **Licht**. Das Ich, ich selber, zwischen Leben und Tod, normalerweise eine dunkle Angelegenheit, aber mit der Ostererfahrung im Herzen wird aus dieser Dunkelheit **LICHT**. ***Es werde Licht***, so hat es am Anfang der Schöpfung geheißen, und diese Verheißung hat Gott nie mehr zurückgenommen, nie mehr, auch im Tod nimmt er diese Verheißung nicht mehr zurück. Ich selber, ausgespannt zwischen Leben und Tod, gehe dem Licht entgegen, wenn auch über die dunkle Schwelle des Todes.
Kein Mensch kann mich begleiten über diese Schwelle, und doch geht einer mit und nimmt mich in Empfang, und dazu nehme ich noch einmal das Wort **ich** zur Hand. Das I und das CH, das war für die ersten Christen das Geheimzeichen für Jesus Christus, die Anfangsbuchstaben, mit denen Gott die neue Weltordnung buchstabiert, **I-CH**, Jesus Christus. Er ist es, der am Kreuz hängt, ausgespannt zwischen Leben und Tod, er ist es, der verhindert, dass das L mit dem T zusammenfällt, dass das Leben im Tod endet, er ist die große Brücke, die Lichtbrücke, die das Leben abkoppelt vom Tod. Und diese Brücke geht nach oben, nicht hinunter ins Grab. Seine Auferstehung macht mein Leben zur Abschussrampe in die Ewigkeit. Das kleine Ich und Jesus Christus, es sind dieselben Anfangsbuchstaben, was mit ihm geschieht, geschieht auch an mir. Er ist die Garantie dafür, dass der Grabstein nicht das letzte Wort hat, die Garantie, dass alles, was mein Leben ausmacht, und sei es noch so unauffällig und unerfüllt, dass all das nicht verloren

ist, dass es aufgehoben ist bei Gott, und dass ich einer letzten, unbeschreiblichen Erfüllung und Entfaltung entgegengehe. Er ist es, der mit seinem Leben, Sterben und Auferstehen dafür sorgt, dass Leben und Tod nicht mehr Gegensätze sind, sondern Stufen zum Licht. Lassen wir uns doch mitreißen von diesen ansteckenden österlichen Zukunftsaussichten.

**Ostermontag**

**Mit den Emmausjüngern unterwegs**

Ein Lied habe ich mit Jugendlichen immer besonders gern gesungen, das Lied, das zum Ostermontag passt, ein richtiges Emmauslied: „Zwei Jünger gingen, voll Not und Zweifel, traurig war ihr Gesicht, doch da kam Jesus und sprach mit ihnen, und plötzlich wurde es Licht". Das ist die kurze Zusammenfassung, der für mich persönlich schönsten und berührendsten Ostergeschichte der Bibel. Da kann man sich so richtig hineinfühlen: Davonlaufen in Resignation und Hoffnungslosigkeit, alles liegen und stehenlassen, ihr könnt mich gern haben, macht euern Kram selber. Wer von uns hätte denn nicht oft so gehandelt oder gesprochen oder wenigstens gedacht. Wie kleine Kinder handeln wir manchmal, die trotzig die Tür zuwerfen und schreien: Ich geh fort, ganz weit fort, ich brauche euch nicht. Auch in der Kirche: Ich hab genug von diesem Bischof, von diesem Papst, von diesem Pfarrer, von diesen Gemeindemitgliedern, von diesen Skandalen, Schluss! Ich trete aus!

Und dann doch das Gute hören, die **Frohe Botschaft** vor Augen haben, aber alles für Geschwätz halten, nur seinen eigenen Augen und Ohren trauen, sich in sein Misstrauen, in seine eigene Schwarzseherei verkriechen und einigeln, das alles ist ja so bekannt, nicht wahr?

Nur geht es bei uns halt nicht immer gut aus, der Weg in die Sackgasse fällt uns oft leichter als der Ausweg aus der Sackgasse.

Von diesen beiden Emmausjüngern können wir auf jeden Fall das eine schon lernen, dass wir miteinander im Gespräch bleiben sollen, einander mitteilen, was uns bedrückt. Frauen tun sich da oft leichter und reden sich bald einmal die Dunkelheit von der Seele. Die Männer nennen das oft leichthin „Ratschen" oder „Tratschen". Dabei haben doch die Frauen als erstes die Osterbotschaft begriffen, und Maria aus Magdala muss den Aposteln erst mühsam die Auferstehung erklären. Die Apostolin der Apostel hat man sie oft dafür genannt.

Böse Zungen behaupten ja, der Auferstandene sei deshalb zuerst den Frauen erschienen, damit die Botschaft schneller unter die Leute kommt. Für mich ist das jedenfalls ein entscheidender Beweis für die Echtheit der Auferstehung Jesu. Hätte man sie erfunden, dann wäre Jesus wohl als erstes dem Petrus erschienen oder dem Pilatus oder dem Hohepriester in Jerusalem und hätte ihnen die Verwerflichkeit ihres falschen Todesurteils vor Augen geführt. So aber erscheint er ausgerechnet Frauen, die nicht einmal als Zeugen bei Gericht zugelassen sind, deren Wort nichts gilt, die in der ehrenwerten Männergesellschaft zu schweigen haben. Die beiden Emmausjünger glauben den Frauen ja auch nicht und halten alles für Weibergewäsch.

Aber sie zeigen uns jedenfalls, dass es auch für Männer und für jeden Menschen wichtig ist, jemanden zu haben, mit dem man über alles reden kann. Und was die beiden eben am meisten bewegt, das ist die tiefe Hoffnungslosigkeit nach dem schrecklichen Tod Jesu: Wir haben geglaubt, wir haben erwartet, wir haben gemeint, wir haben uns schon so gefreut, und jetzt? So drehen sich ihre Gedanken im Kreis.

Bis einer plötzlich mitgeht und diesen Kreis aufbricht. Ganz unspektakulär tritt er auf, der Auferstandene, sie merken es gar nicht, dass er auf einmal mitgeht, ja, sie erkennen ihn gar nicht. Und er zeigt ihnen, dass hinter allem ein Plan steht. Anhand der Schriften des Alten Testamentes erkennen sie: Das musste alles so geschehen. Den vor Trauer und Hoffnungslosigkeit Blinden gehen auf einmal die Augen auf. Nun haben sie plötzlich einen Durchblick durch die Wand der Verzweiflung.

Das ist das Erstaunliche an Ostern, dass total am Boden zerstörte, geschockte Menschen, ganz plan- und orientierungslose Jesusfreunde plötzlich Zusammenhänge entdecken. Und das ist auch die tiefe Sehnsucht aller Menschen in all ihren Schicksalsschlägen. Wenn sie ihnen schon nicht ausweichen können, dann möchten sie doch wissen, warum? Und wozu? Welcher Plan steckt hinter dieser Krise, hinter der Krankheit, hinter diesem sinnlosen Todesfall, hinter dieser Naturkatastrophe? Hinter diesem Flugzeugabsturz? Hinter diesem Bombenanschlag? Meistens bekommen wir keine Antwort darauf. Der Trost des Auferstandenen an die beiden Emmausjünger lässt uns hoffen: „Musste denn nicht alle so kommen?", so sagt er. Wir dürfen hoffen, dass er auch uns einmal Einblick gibt in die Zusammenhänge, die unseren Augen jetzt noch verborgen sind. So leistet Jesus das,

was wir in jedem Fall auch tun müssen, wenn wir schon nicht alle Fragen beantworten können, er leistet Trauerbegleitung. Er geht den Weg mit durchs Trauertal, durchs Jammertal. Wir gehen oft trauernden Menschen aus dem Weg aus Angst vor unserer Hilflosigkeit und Wortlosigkeit. Jesus aber geht mit. Heute sind wir seine Füße, die mitgehen müssen, dort, wo Menschen keine Wege in die Zukunft mehr sehen. Wo Menschen einander begleiten, da vergeht die Zeit wie im Flug, und auch die beiden Freunde kommen schnell mit ihrem unbekannten Weggenossen ans Ziel.
Am Ziel dann sagen sie jenen bekannten Satz, der zum Refrain vieler Lieder, auch des eingangs zitierten geworden ist: „Bleibe bei uns, weil es Abend wird, bleibe bei uns oh Herr." Jesus ist vornehm und zurückhaltend, er will weitergehen, er will sich nicht aufdrängen, er will gebeten werden. Jesus geht auf diese Bitte ein, und er zeigt ihnen und uns für alle Zukunft, wie er bei uns bleibt im Brechen des Brotes, in der Feier der Eucharistie, das ist für alle Zukunft der bevorzugte Ort seiner Gegenwart. Das ist sein Erkennungszeichen. Auf viele Arten und viele Weisen ist er bei uns, dort aber auf jeden Fall, wo wir seinen Tod und seine Auferstehung feiern und das letzte Abendmahl wieder neu gegenwärtig setzen.
Auf einmal ist die Verzweiflung der beiden wie weggeblasen, das Herz brennt ihnen, so sagen sie, und sie kehren zurück an den Ort der Trauer, zurück zu den Tatsachen, vor denen sie gerade davon gelaufen sind. Sie verkünden die Osterbotschaft und merken, dass sie in ihrer Freude ja nicht allein sind.
Auch wir kehren nach unseren Gottesdiensten immer zurück zu den Orten des Alltags, zurück in die Küche, an die Werkbank, in die Schulklasse, in eine ungeliebte Verwandtschaft, ins Büro, in die Fabrikshalle oder auf den Bau, in den Stall und aufs Feld, aber wir kehren immer ein bisschen als Verwandelte zurück, als Menschen, denen zwar nicht immer das Herz brennt, in denen aber doch irgendwo ein kleiner Funke wieder zum Leuchten gebracht worden ist, als Menschen, die wieder ein bisschen mehr Hoffnung und Zuversicht haben. Wir sind dort zwar nicht so überzeugende Auferstehungsboten, wie die beiden Emmausjünger, aber ein frohes Gesicht kann auch schon anstecken und ein offenes Ohr, ein warmer Händedruck und ein bisschen weniger Griesgram können auch schon viel Gutes anrichten.
Mögen wir diesen kleinen Funken in uns schätzen, mögen wir verhindern, dass er uns ausgeblasen wird, und mögen wir ihn immer wieder neu entfachen.

**Christi Himmelfahrt**

**Der Herr bleibt in Reichweite**

„Knock, knock knocking on heavens door"- "Klopf, klopf an des Himmels Tür." So lautet eines der bekanntesten Lieder von Bob Dylan, auch heute noch oft in den Kirchen gesungen. Ein sterbender Westernheld beschreibt darin, was in ihm vorgeht und worauf er hofft. Heute dürfen wir das auch betrachten und erwarten, dass wir im Tod nicht verlorengehen und an die Himmelstür klopfen. Ja, vielleicht müssen wir gar nicht anklopfen, weil Jesus sie schon aufgetan hat. Denn sein Heimgang zum Vater ist ja nicht Trennung. Das wäre ja wirklich traurig. Denn Abschied ist immer schmerzvoll, hat etwas mit Angst und Verlust zu tun. Scheiden tut weh. Aber Jesus verschwindet nicht in den ewigen himmlischen Ruhestand, sagt nicht: „Mein Werk ist vollbracht, jetzt seid ihr dran, schaut, wir ihr zurechtkommt, ich hab's euch gezeigt, jetzt müsst ihr selbst weitermachen!". Er will uns nicht alleine *„weiterwurschteln"* lassen.
Ich denke, dass es auch bei ihm so ist, wie bei unseren Pensionisten, wo dann nach dem Beruf ein „i.R." dabei steht. „Im Ruhestand", sollte das heißen. Oft aber übersetzt man dieses i.R. mit „in Reichweite" oder „in Rufweite". So ist es auch bei ihm. Unseren Augen und Sinnen ist er zwar entschwunden, aber er bleibt im Bereitschaftsdienst. Das wäre ja wirklich nicht zum Aushalten, wenn er einfach gesagt hätte: „Ich bin dann mal weg", wie der Titel eines Pilgerbuches heißt. „Ich lass euch noch ein paar Überreste da, ein paar Reliquien, das Turiner Grabtuch etwa oder das Schweißtuch der Veronika oder die Windeln und das Lendentuch Jesu", wie sie in Aachen gezeigt werden. Dann wären wir nicht mehr als eine Gemeinschaft von Hinterbliebenen, die von Zeit zu Zeit die Gräber ihrer Lieben besuchen, doch irgendwann ist der Verstorbene vergessen.
Ja, es stimmt, wir müssen ihn loslassen, aber wir dürfen ihn auch suchen und dürfen ihn finden, wie die Jünger von Emmaus, die ihn in der Gemeinschaft des Brotbrechens erkannt haben. Obwohl er verschwunden war, sind ihnen doch die Augen aufgegangen, und es ist ihnen warm ums Herz geworden. Er ruht sich nicht aus auf seinem Thron zur Rechten des Vaters, er bleibt der Heruntergekommene - in seiner Himmelfahrt fährt er unter uns und zwischen und in uns hinein, hinein in sein Wort, hinein in die Gaben von Brot und Wein. Jetzt sind nicht mehr nur seine Jünger die Privilegierten und Bevorzugten, die seine Nähe genießen dürfen, jetzt ist er uns allen nahe, mit ihm ist überall zu rechnen, auch an ungewohnten Stellen und zu unerwarteten Zeiten. Niemand besitzt ihn mehr für sich allein, niemand hat ihn gepachtet. Jetzt ist er mit uns unterwegs durch die Zeiten, er bleibt in Bewegung, und wir dürfen von der Hoffnung erzählen, die uns erfüllt und verwandelt. Wir dürfen Wegweiser sein und nicht weg Weiser. So klein kann der Unterschied sein, nur ein falsch betontes E, und schon wird aus den Wegweiser ein weg Weiser.
Das ist schwer zu verstehen und doch ist es so: Jesus ist beides gleichzeitig! Er ist der Erhöhte und Richtende, und er ist gleichzeitig mein Allernächster und Seelenfreund. Diesen Spagat schafft er.
Er sagt nicht: „Ich bin dann mal weg", sondern er sagt: „Ich geh dann mal vor." Er sagt nicht, wie Reinhard Mey in seinem Abendlied: „Gute Nacht, Freunde, es ist Zeit für mich zu geh'n. Was ich noch zu sagen hätte, dauert eine Zigarette und ein letztes Glas im Steh'n". Nein, er bleibt, wie gesagt, in Rufweite.
Nicht nur wir klopfen an die Himmelstür oder auch nicht, sondern immer wieder klopft er auch an meine Tür. Auf unserem Lebensweg möchte er uns über die Schulter schauen, und doch ist er so respektvoll und frei, um auf Distanz zu gehen.
Vielleicht ist es erschreckend, dass es keine gottfreie und gottlose Zone gibt auf der Welt. Bei so vielen Gelegenheiten und in jeder Messe rückt er uns auf den Leib. Aber er macht sich auch klein, seine Präsenz erdrückt mich nicht. Im Gegenteil, sie will uns eine Ahnung von Heimat geben, eine Sehnsucht, die es nicht aushält mit allen Angeboten und Sonderangeboten dieser Welt. Denn das ist die alte Heimat. Die neue Heimat aber, das ist nicht nur eine Wohnbaugenossenschaft, das ist eben diese Zukunftsaussicht, die uns in seinem Weggang eröffnet ist. Deshalb können die Apostel ja auch voll Zuversicht nach Jerusalem zurückgehen und nicht am Boden zerstört.
Und lange wird es ja nicht mehr dauern, dann feiern wir Pfingsten, dann dürfen wir erleben, dass Jesus selber nicht nur in seine alte Heimat, in den Himmel zurück gekehrt

ist, sondern in die **neue Heimat** des menschlichen Herzens. Dort hat er jetzt seinen Zweitwohnsitz. Sein Geist macht den Menschen Beine, auch heut noch, sein Geist setzt Herzen und Zungen und Lippen und Hände in Bewegung.
Von dieser Bewegung lassen sich Menschen mitreißen, gestern, heute und immer. Nicht nur in Jerusalem und in Rom, sondern überall und auch hier in ...

**Pfingsten**

**In Gottes Atemschule gehen**

Immer wieder einmal singen wir in diesen Tage ein Pfingstlied, in dem es heißt: „Atem Gottes, Heiliger Geist, komm auf uns herab". Oder ein anderes: „Atme in uns, Heiliger Geist, wirke in uns, Heiliger Geist, brenne in uns, Heiliger Geist, Atem Gottes, komm!". Der schöpferische Atem Gottes, der am Beginn der Welt der Schöpfung und dem Menschen das Leben einhaucht, der haucht auch den atemlosen Aposteln im Abendmahlsaal wieder neuen Lebensgeist ein. Das Pfingstfest ist eine neue Schöpfung, ein letzter, endgültiger Anfang. Zu ihnen, den ganz außer Atem geratenen spricht der Auferstandene: „Empfangt den Heiligen Geist", und er hauchte sie an.
Das ist das große Ostergeschenk des Heilandes, hineingelegt in dieses komplizierte Osternest der ganzen Welt. Das ist das stille Pfingstfest, wie es uns der Evangelist Johannes schildert und das schon am Ostertag geschieht.
Der Evangelist Lukas schildert uns ja eher die lauten, sichtbaren und erfahrbaren Erscheinungen der Geistausgießung, den Sturm, die Feuerzungen, das Sprachenwunder. Aber trotzdem: Pfingsten hat ja immer etwas mit Ostern zu tun, es kommt vom griechischen Wort „Pentekoste", das heißt der fünfzigste Tag. Diese 50 Tage nach Ostern werden wie ein einziger, großer, langer Ostersonntag gefeiert.
Noch dazu ist im Lateinischen das Wort Geist und Atem dasselbe Wort, nämlich Spiritus. Spiritus, das heißt einerseits Geist, Seele, Mut, andererseits aber auch Luft, Atem und Hauch. Auch im Hebräischen ist Geist und Atem dasselbe Wort, nämlich „Ruach". Die feministische Theologie weist uns darauf hin, dass dieses Wort Ruach weiblich ist. Es müsste eigentlich die Geistin heißen. Der Hl. Geist, das ist die weibliche, die mütterliche, die zärtliche Seite Gottes.
Auch das griechische „Pneuma" heißt Leben und Geist, aber auch Luft und Atem.
Wir leben ja heute in einer sehr eiligen, hektischen, atemlosen Zeit. Nicht nur die schlechte Luft raubt uns den Atem, auch die Erscheinungen der Zeit, die rasante Entwicklung der Technik mit all ihren negativen Begleiterscheinungen, wie Stress, Problemen, auch die unsichere Zukunft. All das schnürt uns den Hals zu, nimmt uns die Luft. Da tut es uns gut, wenn uns der Hl. Geist als göttlicher Atem geschildert wird. Da können wir wieder aufatmen, da können sich unsere Atemprobleme lösen, da können wir wieder tief ein- und ausatmen. Da können wir wieder Atem holen.
Ein Kind hat mir einmal gesagt: „Ich bin bei uns zuhause der Alkoholer". Ich habe erstaunt protestiert und gesagt: „Erstens heißt das Alkoholiker und zweitens bist du dazu noch zu klein". „Nein", sagt er Kleine, „ich muss für meinen Vater immer das Bier aus dem Kühlschrank holen, deshalb bin ich der Alkoholer".
Wir aber sind die Atemholer. Alkoholer sind wir Gott sei Dank nicht so oft, aber Atemholer sind wir immer. Ständig holen wir Atem, wir merken es gar nicht, wir atmen ein, wir atmen aus, jetzt, wo ich es sage, da fällt es uns erst auf. Wir atmen durch die Nase oder durch den Mund, in die Lunge, in den Bauch, ein ständiges Kommen und Gehen, ein Nehmen und Loslassen. Es atmet einfach in uns, jede Sekunde, Tag und Nacht, vom ersten Atemzug bis zum letzten Schnaufer am Sterbebett. Den Atem für unseren Körper, den holen wir aus der Luft, die uns umgibt, ob sie gut ist oder schlecht, wir können nicht aufhören, können die Luft nicht anhalten, sonst ersticken wir.
Aber auch unsere Seele, unser innerer Mensch soll nicht unter Atemnot leiden, soll nicht außer Atem geraten. Woher holen wir da den Atem für die Seele?
Da dürfen wir heute auf dieses Fest des Hl. Geistes schauen. Pfingsten, das ist die himmlische Atemschule. Der Hl. Geist, das ist der Atem Gottes, der die beiden Lungenflügel der Gottes- und Nächstenliebe immer neu auffüllt, der uns bewahrt vor einem seelischen Lungeninfarkt. Der Hl. Geist arbeitet so, wie unsere Lunge, ganz unbemerkt, man könnte sagen, es atmet in uns. Aber wir können ihm doch unsere Atemhilfe geben, das Gebet zum Beispiel. Manche sagen: Beten, das ist das Atemholen der Seele. Wenn die Luft verpestet ist mit bösen Gedanken, Worten, Unterstellungen, dann brauchen wir oft die Sauerstoffmaske des Evangeliums. Aus der Hl. Schrift, da atmet der reine, klare Sauerstoff des Hl. Geistes. Da dürfen wir dann tief einatmen: Nicht nur so ein bisschen nach Luft schnappen oder oberflächlich hecheln, sondern wie nach einer anstrengenden Bergtour die reine, klare Luft genießen.

Auch kreative Menschen, Künstler, Dichter, Musiker, Maler, auch sie helfen dem Hl. Geist in uns beim Atmen. Der Hl. Geist wird uns ja immer als Creator geschildert, als Schöpfer, als Hervorbringer guter Ideen, guter Gedanken und Einfälle.
Manchmal hat es allerdings den Anschein, als ob der Ungeist des Bösen ungleich kreativer sei, als der Hl. Geist. Wie erfindungsreich sind sie doch, die großen und kleinen Gauner, das zeigt uns der Blick zurück in die Geschichte, das lesen wir aus jeder Tageszeitung, aber wir geben ihnen auch viel mehr Platz und Raum in unseren Medien, in unseren Worten und Gedanken. Ihre Macht ist nur eine scheinbare, eine aufgeblähte. Jesus sagt: „In der Welt leidet ihr Drangsal, aber habt Mut, ich habe die Welt besiegt." (Joh 16,33)
Der Ungeist des Bösen kommt nicht auf, wo wir dem Hl. Geist Raum lassen, ihn atmen lassen und ihm beim Atmen helfen. „Dum spiro spero", sagen die alten Römer. „Solange ich atme, hoffe ich", solange der Geist in uns atmet, solange wird uns die geistliche Kondition erhalten bleiben, auch wenn wir manchmal nach Atem ringen, wenn es uns den Atem verschlägt, wenn wir vor Schreck den Atem anhalten müssen, aber ganz atemlos werden wir nie, die Luft wird uns nicht ausgehen, wir werden nicht ersticken, und wenn wir einmal unser Leben aushauchen, dann schenkt uns sein Hauch den langen Atem der Ewigkeit.

**Fronleichnam**

**Seid, was ihr seht!**

Ich kann mich noch erinnern auf das Fronleichnamsfest meiner Jugend auf dem Land! War das für mein Kinderherz immer eine Aufregung, bis sich die Prozession richtig formiert hatte: Das Kreuz voran, dann die Musikkapelle und der Kirchenchor, dann die Schulkinder, die Jugend, die Männer und die Frauen. Dazwischen an seit Generationen eingespielten Plätzen, die Statuen des Schutzengels, des Hl. Florian und der Gottesmutter, die Schützen, die kleinen und die zwei großen Fahnen, die zwei Begleiter mit Spannseilen gegen Windböen sichern mussten. Mittendrin der Himmel mit dem Allerheiligsten, umgeben von Erstkommunionkindern und Ministranten, die das Blumenstreuen und Glockenläuten exakt geübt hatten und nun doch dauernd etwas falsch machten....
Fahnen, Trachten, Musik, Feuerwehr, Goldhaubenfrauen, Bürgergarde, Kameradschaftsbund und Abwehrkämpfer, die präzise Salve der Schützen, der Böller im richtigen Moment; normalerweise müsste in Zeiten der Fußball WM auch noch der Fußballclub mitgehen in seinen bunten Dressen,
Und dennoch, alles nur Beiwerk, festlicher Rahmen für das Allerheiligste.
Selbst die kostbare Monstranz, nur Rahmen. Unser Allerheiligstes ist die kleine Scheibe Weizenbrot, über die der Priester im Auftrag Jesu und für die Gemeinde gesprochen hat: „Nehmt und esst alle davon. Das ist mein Leib, der für euch hingegeben wird."
Was wir zu Fronleichnam so festlich in unsere Alltagswelt hinaustragen, nehmen wir bei jeder Kommunion in uns auf, das Allerheiligste. In diesem so schlichten Moment wird jeder, der den Leib des Herrn empfängt, selber zur Monstranz, zum Gefäß, das Jesus in die Alltagswelt trägt.
Und diese alltägliche „Prozession" hinein in unseren gewöhnlichen Tagesablauf ist der untrügliche Maßstab, ob unsere feierliche Prozession glaubwürdig ist. Unser alltäglicher Umgang in und mit der Welt muss erlebbar machen, ob wir Jesus mitgehen lassen.
Vielleicht heißt deshalb auf dem Land die Prozession auch der Umgang, nicht nur, weil wir herumgehen, sondern, weil damit auch der Umgang miteinander gemeint ist. Wie gehen wir miteinander um? Haben wir den rechten Umgang mit unseresgleichen? Gehen wir so miteinander um, dass man merkt, dass der Herr in unserer Mitte ist?
Wenn das stimmt, dann zählt nicht, ob die Ministranten im richtigen Moment läuten und die Zweierreihen der weißen Mädchen sich exakt zum Spalier öffnen, obwohl festliche Formen Wertschätzung und Ehrfurcht bezeugen. Dann zählt, ob diese Kinder in der Familie, unter Freundinnen und Freunden und in der Schule am Beispiel Jesu wachsen. Statt präzisem Gleichschritt von Musikkapelle, Schützen und Kameradschaftsbund zählt, ob unser Umgang mit den Mitmenschen die Fußstapfen Jesu erkennen lässt. Statt der exakten Ehrensalve zählt die Antwort der Liebe im entscheidenden Moment.
Die Prozession ermutigt uns, auf den Wegen des Alltags in den Prozess der Liebe Jesu einzutreten.
Nicht auszudenken, was sich da an Leben entwickeln würde. Und wie unvergleichlich aufregend das wäre.
Prozession kommt vom lateinischen Wort *procedere*, das heißt *für etwas gehen, für eine Sache unterwegs sein.* Es heißt aber auch *vorankommen, unterwegs bleiben*. Mögen auch wir immer neu gute Fortschritte machen auf dem Weg zu Gott, zueinander und zu uns selbst.

**Dreifaltigkeitssonntag**

**Die Spezialität des Hauses**

Inzwischen ist es unübersehbar, dass wir immer mehr in einer multikulturellen Gesellschaft leben, und dass wir in dieser Mitwelt und Umwelt gerade als Christen besonders herausgefordert sind, das Eigentliche unseres Glaubens zu erkennen und zu schätzen. Und so wie jedes Gasthaus, das etwas auf sich hält, ein Gericht nach Art des Hauses am Speiseplan hat, manchmal steht das gar unter dem Titel „Hausgeheimnis" in der Speisekarte, so ist es auch in der Kirche, im Christentum. Und die große Spezialität des Hauses der Kirche, unser Küchengeheimnis, das ist die Dreifaltigkeit.
Gerade Moslems tun sich da sehr schwer mit ihrem ganz strengen Eingottglauben. Muslimische Kinder fragen ihre katholischen Mitschüler: „Wie kann Gott einen Sohn haben?" Und unsere ReligionslehrerInnen haben alle Mühe, ihnen zu erklären, dass Gott keinen Sohn hat, sondern dass er Sohn ist, dass er Vater ist, und dass er Hl. Geist ist, dass es eben um diese verschiedenen Anschauungsweisen und Verstehensarten des einen Gottes geht, und dass hier nicht von drei voneinander getrennten Göttern die Rede ist.
„Warum müssen es unbedingt drei sein", fragen Kinder oft, „können es nicht viele sein?" Und man kann nur antworten, dass in der Heiligen Schrift uns Gott eben auf diese Art entgegentritt. Nicht kluge Theologenhirne haben sich das ausgedacht oder ausgekocht, da hätten sie sich wahrlich etwas Einfacheres einfallen lassen, sondern Jesus selber spricht in diesen so missverständlichen Vokabeln über das Geheimnis seiner Identität. Worte sind immer persönlich und vielfältig, sie sind Krücken, aber wir haben eben keine anderen Gehhilfen, um uns zu verständigen. Noch einmal mehr gilt das, wenn wir über Gott reden.
Mit vielen Vergleichen hat man versucht, manches deutlich zu machen: Die berühmteste abstrakte Darstellung der Dreifaltigkeit ist wohl das gleichseitige Dreieck mit dem Auge in der Mitte, das in vielen Kirchen zu finden ist. Aber dieses Bild ist mir zu statisch und unbeweglich. Manche fürchten sich sogar vor diesem Auge Gottes, das alles sieht, selbst was in dunkler Nacht geschieht.
Eine verständlichere Erklärung für unsere modernen Ohren habe ich gehört von dem einen Gott, der sich uns in den drei Dimensionen eines Raumes zeigt. Länge, Breite und Tiefe. Die Länge, das ist Gott der Vater, lang wie die Ewigkeit ist er, unauslotbar und unerkennbar, lang, wie der Längsbalken des Kreuzes, der Himmel und Erde verbindet. Die Breite, das ist Gott als Sohn. Die Breite, die uns nach links und rechts schauen lässt, wie der waagrechte Balken des Kreuzes, die uns dem Unendlichen nahe bringt in seiner Liebe und Menschenfreundlichkeit. Und schließlich die Tiefe, das ist Gott als Hl. Geist. Das ist die Weise, wie er in der Tiefe des Menschenherzens wohnt, in der Tiefe und Höhe unserer Gedanken, wie er die Welt und alles Leben und die ganze Schöpfung durchdringt, diese göttliche Dynamik, mit der er am Werk ist. Der unendliche Raum der Liebe des dreifaltigen, dreieinigen Gottes mit seiner Länge, Breite, Höhe und Tiefe, in den wir alle mit hinein genommen sind. Ein schönes Bild.
Einen ähnlichen Spruch aus dem Epheserbrief des Apostels Paulus habe ich mir als Primizspruch ausgewählt. Da heißt es: „Ihr sollt fähig sein, die Länge und Breite, die Höhe und Tiefe zu ermessen und die Liebe Christi zu verstehen, die alle Erkenntnis übersteigt". (nach Eph 3,18).
Letztlich mündet alles Nachdenken über diese göttliche Dreiheit ein in das Nachdenken über diese unverdiente und unverständliche Liebe Gottes. Diese Liebe Gottes ist überströmend und entgegenkommend. „Unser Gott ist nicht einsam und sich selbst genügend, er ist gesellig", hat einmal jemand gesagt. Er hat in sich alles, Dialog und Gemeinschaft. Aber Gott ist keine geschlossene Gesellschaft, wie es oft auf Speisesälen zu lesen ist: *Achtung, heute kein Eintritt. Geschlossene Gesellschaft*. Er ist offen für Welt und Mensch und das ganze Geschehen von Schöpfung und Erlösung käme nicht in Gang ohne dieses sich verschenkende, sich öffnende, göttliche Leben.

Der Dichter Conrad Ferdinand Meyer schenkt uns, vielleicht ohne es zu ahnen, im Bild vom römischen Brunnen, auch so einen Einblick in die Dreieinigkeit und Dreifaltigkeit. Da heißt es:

**Aufsteigt der Strahl, und fallend gießt**
**er voll der Marmorschale Rund,**
**die, sich verschleiernd, überfließt**
**in einer zweiten Schale Grund;**
**die zweite gibt, sie wird zu reich,**
**der dritten wallend ihre Flut,**
**und jede nimmt und gibt zugleich**
**und strömt und ruht.**

Der Brunnen, ein Bild für die überströmende, überfließende, sich verschenkende Liebe Gottes, die nicht bei sich bleiben will.
Man könnte es noch in einem anderen einprägsamen Vergleich ausdrücken:
Gott als Vater, das ist der Gott über uns! Manchmal unverständlich, groß, gewaltig, allumfassend und geheimnisvoll. Aber er hält alles in seinen Händen, er, der Schöpfer, dessen unverwechselbare Einzelexemplare und Prototypen wir sind. Er lässt uns nicht fallen aus seiner Hand.
Gott als Sohn, das ist der Gott mit uns, neben uns, um uns herum, an unserer Seite. In Jesus hat Gott selbst alle Facetten menschlichen Daseins durchschritten, ist mit Haut und Haaren einer von uns geworden, vom Leben bis zum Tod, nichts ist ihm fremd, nichts unverständlich, Leid und Freude, Weinen und Lachen, Kummer, Sorgen, Schmerz, Hoffnung, die ganze Palette menschlicher Gefühle und Lebenslagen. Gott als Sohn, der Gott mit uns, an unserer Seite, mit uns solidarisch.
Und Gott als Heiliger Geist, das ist der Gott in uns. Er betet in uns, gibt uns die Sehnsucht und die guten Gedanken, die Ideen und Geistesblitze, er ermuntert und tröstet uns, richtet uns auf und macht uns Mut.
Auch hier diese drei Dimensionen: über uns, mit uns und in uns.
Nicht drei Götter also, sondern immer der eine, gute, auf uns zukommende Gott. Im Namen dieses dreifaltigen Gottes sind wir getauft und gefirmt, in seinem Namen beginnen und beenden wir jedes Gebet, im Namen des dreifaltigen Gottes machen wir uns mit dem Weihwasser das Kreuz auf die Stirn und werden von anderen gesegnet. Von der Wiege bis zur Bahre begleitet uns diese Glaubensaussage.
Mögen wir sie wieder neu annehmen als unsere Spezialität, als unser Hausgeheimnis, auf das wir ruhig stolz sein dürfen.

## Maria Aufnahme in den Himmel, 15. August

### Für immer mit Leib und Seele bei Gott daheim sein

Essen und Trinken hält Leib und Seele zusammen, so lautet ein geläufiges Sprichwort. Das heißt dann weiter gedacht, mit dem Tod ist das natürlich vorbei. Da fallen Leib und Seele auseinander, und nur die Seele kommt zu Gott, was auch immer damit gemeint ist. Natürlich ist auch das schon Geschenk genug, dass wir einmal auf irgendeine unsagbare Weise bei Gott daheim sein dürfen. Der Leib jedenfalls hat ausgedient, er ist ja sowieso nur Gefängnis für die Seele. Diese Geringschätzung des Leibes als Nachklang der platonischen Philosophie hat im Christentum noch lange nachgewirkt. Der Wiener Volksprediger Abraham a Santa Clara hat einmal über unseren Körper gepredigt: **„Lass sterben ein mächtiges Wesen dieses Unrathaus, diesen lebendigen Wust, diesen Leimlümmel, diesen Wildfang, diesen Sauwinkel, diese Gestankbüchsen, dieses lebendige Aas. Lass sterben den Leib, dieses Krankenspital, dieses Wurmnest, dieses Eitergeschwür, diese kleine Portion Erde. Lass sterben, lass verderben!"**
Als Papst Pius XII 1950 erst das heutige Festgeheimnis zu einem Dogma erhoben hat, da hat man ein neues Kapitel in der Kirchengeschichte aufgeschlagen. Fünf Jahre nach Kriegsende, nach der brutalen Schändung der Leiber von Millionen von Juden, Zigeunern, Regimegegnern, nach den Abermillionen von Kriegstoten muss man sagen, es war eine Zeit, die absolut leibfeindlich gewesen ist, trotz der Leibesertüchtigung und dem Grundsatz zäh wie Leder, hart wie Kruppstahl habe der Deutsche zu sein. Das Dogma von der Aufnahme Mariens mit Leib und Seele in den Himmel will uns neben allen theologischen Konsequenzen wieder die Wertschätzung des ganzen Menschen in Erinnerung rufen. Nach der elenden Geschichte des Antisemitismus, die auch heute immer noch nachwirkt, heißt das noch zusätzlich, ausgerechnet die Jüdin Maria ist mit Leib und Seele bei Gott zuhause.
Der Papst hat es sich dabei nicht leicht gemacht! Bevor er dieses letzte Dogma der Kirchengeschichte verkündet, hat er zuerst alle Bischöfe befragt. 1.181 Bischöfe sprachen sich dafür und nur 22 dagegen aus. Und so ist dieser Glaubenssatz katholisches Glaubensgut geworden.
Der Leib ist kostbar, wie die Seele, das will uns da unter anderem gesagt sein. Auch die Hl. Theresia von Avila sagt: „Tu deinem Leib Gutes, damit die Seele Lust hat, darin zu wohnen."
Man meint oft, dass die heutige Zeit besonders leibfreundlich sei, aber das Gegenteil ist der Fall: Da werden unerreichbare Schönheitsmaßstäbe vorgelegt, da werden die Kalorien gezählt und viele hungern sich zu Tode. Die Schönheitschirurgen sind die neuen Superstars am Ärztehimmel, und viele Eltern schenken ihren Töchtern zur Matura eine Brustvergrößerung. Die böse Königin aus dem Schneewittchen fragt immer noch: „Spieglein, Spieglein an der Wand, wer ist die Schönste im ganzen Land?" Und immer wieder wird es eine geben, „hinter den Bergen, bei den sieben Zwergen, die ist tausendmal schöner als du!" Schönheit dient als Wertsteigerung des Menschen: Luxus und Statussymbole sind zwar nach wie vor wichtig, aber der eigene Körper muss makellos und perfekt sein. Zeig mir deinen Körper, und ich sage dir, wer du bist.
Und damit schauen wir heute hin auf Maria: Da singen wir ja auch: „Tota pulchra es Maria.", „Ganz schön bist du Maria." Aber diese Schönheit kommt nicht von außen. Sie hat etwas mit dem Wahren und dem Guten zu tun, sie strahlt von innen heraus, kann nicht in Zentimetern und BMI angegeben werden. Wo diese ganzheitliche Schönheit da ist, da kann man es auch annehmen, dass mein Körper alt wird und unansehnlich, da kann man es auch annehmen, dass die Muskeln schlaffer werden, und der Bauch größer. Da zählen andere Maßstäbe. Bei Jesaia heißt es vom leidenden Gottesknecht: „Er hatte keine Schönheit und keine edle Gestalt, und doch: Gott fand Gefallen an seinem zerschlagenen Knecht" (Jes. 53,10). Wenn selbst ein Gekreuzigter noch Ebenbild eines absolut schönen Gottes sein kann, dann kann der makellose, gestylte und modellierte Mensch nicht der letztgültige Maßstab sein.
So hat dieses auf den ersten Blick so weltfremde Dogma doch auch wieder aktuelle Bezüge und rückt vieles, was heute so ver-rückt ist, wieder ins rechte Licht. Auch der Leib hat seine Würde, wer den Leib schändet, der schändet auch die Seele. Nicht nur

Essen und Trinken hält Leib und Seele zusammen, sondern Gott selber hält Leib und Seele zusammen, im Leben und im Tod. Schließlich wird es auch an unserem Grab einmal heißen, wenn der Weihrauch über unserem toten Körper zum Himmel aufsteigt: „Dein Leib war Gottes Tempel, der Herr schenke dir die ewige Freude."
In diese ewige Freude ist uns Maria mit Leib und Seele, mit Haut und Haaren vorausgegangen, nicht als Göttin, sondern als Mensch, als eine von uns, unsere Schwester.
Die Legende sagt, dass die Apostel von allen Enden der Welt zu ihrem Sterbebett eilen. Sie betrauern ihren Tod und legen ihren Leib in eine Höhle und halten drei Tage lang Wache. Nur der Thomas kommt wieder einmal zu spät und will noch einen Blick auf Maria werfen. Sie öffnen das Grab und weichen erschrocken zurück. Das Grab ist leer, nur mehr ihre Gewänder liegen noch in der Höhle und statt Verwesungsgestank liegt lieblicher Blumenduft in der Luft. Deshalb auch die Kräuter und Blumensegnung an ihrem Fest. Die Kräuter und Blumen wollen uns aber auch erinnern, dass, wie Paulus einmal gesagt hat, „die ganze Schöpfung zur Freiheit und Herrlichkeit der Kinder Gottes berufen ist" (Röm 8,21). Nicht der Pesthauch des Todes hat das letzte Wort, sondern der Duft des Lebens. Was uns blüht, ist nicht Vernichtung, sondern Erfüllung.
Wie dann Gott unseren Leib verwandelt und verherrlicht und ihm seine endgültige Schönheit gibt, das ist sein Geheimnis und seine große Überraschung. Aber es hat auf jeden Fall etwas mit Heilung und Heil zu tun, nicht Ende, sondern Vollendung. Maria möge uns dabei Beispiel und Ermutigung sein.

**Erntedank**

**Gefangen in unserer Habgier**

Es war im Jahr 2000 ein Ereignis in Kärnten, das in allen namhaften Zeitungen Mitteleuropas Aufmerksamkeit erregt hat, nämlich der Ausbruch der Affen aus dem Tierpark in Villach-Landskron, und die Bemühungen der Tierärzte und Jäger, die sogenannten Makaken wieder einzufangen. Ganz schnell ist es nicht gelungen, einige sind noch lange in den Wäldern unterwegs gewesen. Dabei gäbe es eine ganz einfache Methode, viel einfacher und billiger, als ein Betäubungsgewehr, eine psychische Methode, eine, die mit der Habgier der Affen rechnet und mit der man in Afrika angeblich gute Erfolge erzielt. Die geht so: Man bindet eine Kiste an einen Baum und legt in diese Kiste eine Kokosnuss. In die Vorderseite der Kiste bohrt man ein kleines Loch, gerade so groß, dass ein Affe mit der Hand hineinkommt. Und dann braucht man nur noch viel Geduld. Nun muss man sich vorstellen, dass es den Affen in Afrika nicht so gut geht wie den unsrigen, die ja von der Bevölkerung verpflegt worden sind. Und deshalb sind die Affen in Afrika, das hoffentlich nicht deshalb so heißt, weil es dort so viele Affen gibt - sie sind jedenfalls ständig hungrig und so eine Kokosnuss ist eine Köstlichkeit. Irgendwann hält es der Affe nicht mehr aus und pirscht sich an die Kiste, greift hinein und umklammert die Kokosnuss. Nun aber kommt er nicht mehr heraus, es sei denn, er lässt die Kokosnuss los. Das will er aber auch nicht. Diesen inneren Konflikt nützen die Affenjäger, werfen ein Netz über ihn und schon ist er gefangen, gefangen von der eigenen Habgier. Diese Art der Affenjagd, die sogenannte Kokosfalle, soll uns heute, am Erntedankfest, als warnendes, abschreckendes Beispiel vor Augen gestellt werden. Denn wir alle, die reichen Industrieländer als Ganzes, und wir mit ihnen, sind drauf und dran, uns selber zu fangen in unserer eigenen Habgier. Wir gleichen einem Hamster, der zwar genug zum Leben und Überleben hat, der aber trotzdem nicht aufhören kann, Vorräte zu sammeln. So viele, dass er sie in der Zeit der Not nicht einmal mehr findet. Diese Hamstermentalität sagt man auch dem Menschen nach. Der Erntedank aber ist ein Fest, das uns zur maßvollen Bescheidenheit ruft, das uns zur Zufriedenheit mahnt mit dem, was wir sind und haben. Es könnte ja auch weniger sein. Von der Habgier und Hamstermentalität zur Mentalität der Bescheidenheit und Zufriedenheit, die schließlich einmündet in die Dankbarkeit, dieser Weg wird uns heute gewiesen. Dankbar sein für die Früchte der Erde und der menschlichen Arbeit, aber auch für die Früchte des Geistes: Für Intelligenz und Erfindungsreichtum, für neue Erkenntnisse und Einsichten, dankbar sein aber auch für das Selbstverständlichste und doch Wertvollste, für Vertrauen und Zuneigung, für Gemeinschaft und Freude, bis hin zum warmen Bett und dem Dach über dem Kopf.

Einiges haben wir uns verdient durch Fleiß und Einsatz, das meiste aber verdanken wir Gott, dem Geber alles Guten, der Sonne und Regen spendet, der wachsen lässt und reifen.

Das führt uns schließlich hin zu der Gabe, die wir viel zu selten dankbar bedenken, ja, die vielen oft lästig und unbequem erscheint, zur Gabe des Glaubens. Der gläubige Mensch hat es nicht besser als andere, aber er hat's gut. Ein ungläubiger Spötter hat einmal im Gespräch gemeint: „Geehrter Herr! Dieses Jahr habe ich einen beachtenswerten Versuch unternommen. Im Frühjahr habe ich jeden Sonntag gesät, anstatt in die Kirche zu gehen. Im Sommer habe ich jeden Sonntag auf dem Felde gearbeitet, und im Herbst jeden Sonntag geerntet. Meine Ernte ist wesentlich besser als die meiner Nachbarn, die jeden Sonntag in die Kirche liefen. Was sagen Sie dazu?" - Und der Angesprochene gibt zur Antwort: „Gott begleicht seine Rechnung nicht immer im Oktober." Und ich möchte hinzufügen: Gott begleicht seine Rechnungen nicht nur zu einem anderen Zeitpunkt, als wir denken, sondern er begleicht sie auch auf andere Weise. Er zahlt nicht nur in Form von Kartoffeln, Äpfeln und Birnen, er zahlt zum Beispiel auch in der Währung der inneren Gelassenheit!

So ein Mensch kann sich selbst loslassen, weil er weiß, dass er trotzdem gehalten ist. Er kann hinter allem, auch hinter dem Dunklen und Unverständlichen noch einen Sinn erhoffen, und er kann aus der Kraft, die aus der Nähe Gottes kommt, leben und selber wachsen. Diese Gabe des Glaubens ist uns allen mitgegeben, und wir dürfen sie hegen

und pflegen. Ein gläubiger Mensch hat's nicht besser, aber er hat's gut: Dass es wahr ist, merken wir oft erst in Nachhinein.
Und was vielleicht einem gläubigen Menschen auch leichter fallen kann als anderen, das ist das Teilen. *Wenn jeder gibt, was er hat, dann werden alle satt*, heißt es in einem neueren Kirchenlied. Sterben müssen wir zwar alle, aber dass die einen an Hunger sterben und die anderen am Fett, das ist nicht gerecht verteilt. Wenn der Überfluss der Minderheit und der Mangel der Mehrheit zu groß werden, dann kommt die Welt aus dem Gleichgewicht.
In einem aufrüttelndem Film der letzten Jahre hat man das zum Thema gemacht, und er ist am Schluss so ausgegangen, dass sich alle hungernden und ausgebeuteten Menschen zu einer großen Schar gesammelt haben und zum Marsch auf Europa und Amerika aufgebrochen sind unter dem Motto: Holen wir uns doch, was eigentlich allen gehört. Die reichen Länder aber mauern sich ein und stellen überall an den Grenzen ihre Armeen und Panzer auf, während draußen eine unübersehbare Schar von ausgemergelten und ausgebeuteten Menschen schweigend wartet. Mit dieser Szene endet der Film. Die Menschheit, gefangen in ihrer eigenen Affenfalle. Eine Vision, die uns täglich aus den Medien entgegenschreit und die hoffentlich niemals ganz Wirklichkeit wird.
Erntedank: Dankbar sein für sichtbare und unsichtbare Gaben, für Gaben des Geistes und der Seele, dankbar sein für die Gabe des Glaubens und aus ihr die Kraft des Herzens und die Kraft des Teilens schöpfen, das wird uns heute mitgegeben in unser Leben.

**Allerheiligen, 1. November**

**Oder: Woran könnte man mich erkennen?**

Allerheiligen, ein typisch katholisches Fest, voller Buntheit und Lebensfreude, spannend und mitreißend, wenn man beginnt, sich in die Biographien und Legenden zu vertiefen, die uns da begegnen. Wenn man auf Reisen in andere Kirchen kommt, ist es immer spannend, ob man die Heiligen erkennt, die dort dargestellt sind.
Ein Pfarrer aus Stuttgart, Wolfgang Raible, hatte die Idee, in seiner Predigt ein Allerheiligenquiz zu veranstalten und seine Zuhörer zu befragen, ob sie die Heiligen an ihren Attributen erkennen.
Natürlich, der Petrus mit dem Schlüssel, und der Paulus mit dem Schwert, das ist leicht, oder der Martin mit der Gans, und die Notburga mit der Sichel. Viele kennen auch den Merkspruch: „Die Barbara mit dem Turm, die Margaretha mit dem Wurm, die Katharina mit dem Radl, das sind die drei heiligen Madln."
Aber kennen Sie die Frau mit dem Kochlöffel? Es ist Martha von Bethanien. Der Evangelist Lukas berichtet, dass sie die Hausarbeit gemacht hat, als Jesus zu Besuch gekommen ist. Vor ihrem Tod, so die Legende, hört sie eine Stimme: „Liebe Wirtin, du hast mich zu Gast aufgenommen, so will auch ich dich aufnehmen in meinen Himmel." Später wird sie die Patronin der Köche und Köchinnen, der Hausfrauen und Gastwirte. Sich um das Wohl der anderen sorgen ist alltäglich, oft unbeachtet und unspektakulär. Deshalb selig, die nicht nur ihr eigenes Süppchen kochen, die die Kirche einladend und gastfreundlich machen.
Gibt es auch eine Heilige mit dem Besen? Ja, es gibt sie, und sie heißt Petronilla. Man sagt, sie sei die leibliche Tochter des Apostels Petrus gewesen und ihm in Rom den Haushalt geführt haben. Um das Jahr 100 sei sie dort als Märtyrerin gestorben. Sie weist uns hin, dass nicht nur das Putzen und Säubern der Wohnung wichtig ist, sondern auch die inneren Aufräumarbeiten. Deshalb selig, die nicht nur vor den Türen der anderen kehren, sondern auch vor ihrer eigenen, die auch das eigene Lebenshaus sauber halten, bis in die Gedanken hinein.
Der Heilige mit Kerzen und Leuchtern, da gibt es mehrere Möglichkeiten, aber eben auch der Hl. Vitus, der im Jahre 304 in Italien gestorben ist. Der glaubensfeindliche Vater schlägt den Jungen, wird blind, Vitus heilt ihn, der Kaiser lässt ihn einsperren, Engel erleuchten sein finsteres Verlies, er übersteht noch viele Qualen, bevor er stirbt. Viele zählen auf seine Hilfe beim Aufwachen. Sie beten dann: „Heiliger Sankt Veit, wecke mich zur rechten Zeit. Nicht zu früh und nicht zu spät, bis die Glocke sechs Uhr schlägt". Man könnte es ja einmal ausprobieren. Also selig, die Spuren des Lichtes hinterlassen, die uns heimleuchten auf unseren Irrwegen, die uns aufwecken aus unserer Verschlafenheit.
Dann gibt es auch eine Heilige mit Krug und Kamm. Kennen Sie ihren Namen? Es ist die Heilige Verena, eine Ägypterin aus Theben am Nil. Sie ist mit einem Soldaten verlobt und zieht mit ihm im 3. Jahrhundert nach Mailand und pflegt dort in einer Klosterzelle mit heilendem Wasser die Kranken, wäscht ihnen die Haare, kämmt und salbt sie. Krug und Kamm für Zeichen der Hilfsbereitschaft und Nächstenliebe. Im Gedenken an sie müsste man sagen: „Selig, die uns von Zeit zu Zeit den Kopf waschen, denn sie bewahren uns vor Stolz und Verbohrtheit."
Dann gibt es einen Seligen mit einer Malerpalette. Der selige Jakob Griesinger, 1407 in Ulm an der Donau geboren. Auf der Rückreise von einer Pilgerfahrt nach Rom tritt er in den Dominikanerorden ein, wird Glasmaler und gestaltet viele Fenster in den Kirchen Bolognas. Die Malerpalette erinnert an die Menschen, die kreativ und begabt sind und uns von einem eintönigen Christsein befreien wollen. Über sie könnte man sagen: „Selig, die Farbe bekennen, denn sie zeigen uns, wie bunt und schön das Leben sein kann."
Schließlich gibt es neben unzähligen anderen noch einen liebenswerten Heiligen, der eine Geige in der Hand hält. Franz von Solano, ein Franziskanermissionar, der im 16. Jahrhundert in Peru und Argentinien wirkte. Er soll seine Predigten immer wieder durch sein Geigenspiel unterbrochen haben, damit sie den Menschen noch mehr zu Herzen gehen und ihnen nicht langweilig wurde. Er erinnert uns an die Aufgabe aller Christen, dass wir die Melodie Gottes in den Herzen der Menschen zum Klingen bringen. Deshalb selig, die die richtigen Saiten anschlagen, die den rechten Ton treffen, und die so in uns die Freude am Glauben wecken.

Auf ein Kuriosum können wir Kärntner stolz sein: Seit 2010 haben wir auch einen Heiligen des Fußballs. Sein Abbild ist in Pörtschach am Wörthersee zu bewundern. Es ist der Hl. Luigi Scorsoppi, ein Franziskanermönch aus Udine, der sich sehr um die Jugend gekümmert hat und ein Waisenhaus für taubstumme Mädchen gebaut hat. Man hat alle rund 13.000 namentlich bekannten Heiligen untersucht und gemerkt, dass es noch keinen mit einem Fußball gibt, so ist er zu dieser Aufgabe gekommen. Das Schlimme ist nur, dass alle Verlierermannschaften nun böse auf ihn sein werden, er müsste wohl dafür sorgen, dass alle Spiele unentschieden ausgehen. Deshalb müsste wohl auch gelten: Selig die Unparteiischen, die Menschen, die einen Streit schlichten und Gemüter beruhigen können, die ausgleichend und einheitsstiftend sind.
Wenn wir dann in die Zukunft schauen, dann gibt es vielleicht irgendwann einmal einen Heiligen mit Computer oder Laptop, dem es gelungen ist, ein Programm gegen Hasspostings oder Internetkriminalität zu schreiben oder einen Heiligen mit Windrad und Sonnenkollektoren, der sich für den Umweltschutz einsetzt. Man könnte sich auch fragen, welches Attribut sich jeder selber zuschreiben könnte, was es ist, das mich einzigartig und unverwechselbar macht.
Und vielleicht haben wir jetzt wieder ein wenig zur Einsicht gefunden, dass es gar nicht so langweilig ist, ein Heiliger zu werden oder zu sein, und dass es überall und jederzeit viele und gute und ganz persönliche Möglichkeiten gibt, die frohe Botschaft zu verwirklichen. Wenn wir es versuchen, dann gilt auch für uns: Selig seid ihr.

**Allerseelen, 2. November**

**Ausstieg in die Wirklichkeit**

Wir stehen am Friedhof, einem Ort, der seinem Namen nach etwas mit Frieden zu tun hat: Nach dem Kampf des Lebens, nach dem Kampf um Lebensstandard, Einfluss, Anerkennung, Geborgenheit, nach dem Kampf um einen angemessenen Platz im Leben, nach diesem ganzen Lebenskampf endlich Frieden. Frieden am Friedhof. Nach der Unruhe des Lebens endlich Ruhe.
Zu jemandem, der sich gefürchtet hat, bei Nacht durch den Friedhof zu gehen, hat einmal einer lächelnd gesagt: „Vor den Toten brauchst du dich nicht mehr zu fürchten, höchstens vor den Lebenden." Der Friedhof also ein Ort des Friedens, der Ruhe, der Furchtlosigkeit.
Aber dann auch ein Ort, der vom Ernst des Lebens spricht, der dir sagt: „Bedenke Mensch, einmal kommt auch für dich die Stunde des Abschieds, wo der Faden zu Ende ist." Das Grab, vor dem jeder von uns steht, ist eindeutig eine Endstation des irdischen Lebens. Im Blick auf diese Endstation wird vieles relativ und zweitrangig, im Blick auf diese Endstation wird aber auch die Zeit meines Lebens kostbar. Jede Minute, jede Stunde zählt. Jeder Tag bringt Chancen, die nicht wiederkehren, das Leben ist kein ewiger Kreislauf mit immer neuen Möglichkeiten, es hat in dieser Welt einen Anfang und ein Ende. Unsere Gräber und unsere Toten rufen uns zu: „Vergeude dein Leben nicht, verschleudere es nicht, du hast nur dieses eine Leben." Der Friedhof, ein Ort, der vom Ernst und der Einmaligkeit und Kostbarkeit des Lebens spricht. Denn das Grab ist in dieser Welt die Endstation.
Und doch hat jede Endstation eine große Freude in sich. „Alles aussteigen", heißt es da. Und wir steigen nicht um, und die Fahrt geht weiter, und wir steigen auch nicht hinaus ins Nichts, sondern es ist ein Ausstieg in die Realität, ins eigentliche Leben.
Unsere Gräber sind zwar Endstationen, sie sind aber auch Willkommensschilder. Uns Hinterbliebenen kehren die Gräber die dunkle Seite zu, die Seite des Abschieds und der Trennung, auf der für uns unsichtbaren Seite aber steht: Herzlich willkommen. In jedem Menschen lebt mehr oder weniger versteckt diese Hoffnung, dass er auf irgendeiner anderen Seite einmal ankommt, dass er herzlich willkommen und geliebt ist.
Und in Jesus Christus hat Gott uns eine Antwort gegeben auf diese Hoffnung.
So ist unser Friedhof nicht nur ein Ort des Friedens und der Ruhe, der uns an die Einmaligkeit und Kostbarkeit des Lebens erinnert, sondern auch ein Ort der Hoffnung und der Freude, ein Ort des Vertrauens und der Zuversicht. Möge diese Hoffnung uns ein wenig verwandeln und stärken, möge diese Hoffnung uns vor allem dann tragen, wenn wir selbst an diese Endstation gelangen.

**Eine wahre Allerseelengeschichte**

**Sterben auf Widerruf**

Manche Leute lesen ihre Zeitung meistens von hinten nach vorne durch, denn die Sportergebnisse sind ihnen das wichtigste, alles andere ist nebensächlich. Andere Leute, meistens ältere, lesen zuerst die Todesanzeigen. Ich gehöre zwar zu keiner der beiden Sorten, muss aber doch zugeben, dass ich mir die Todesanzeigen ein bisschen genauer anschaue, als manches andere, was da so geschrieben steht.
Am 29.10. nun, da steht Folgendes zu lesen:
*„Wir erfüllen die traurige Pflicht, Nachricht zu geben, dass Frau Annemarie S., kaufmännische Angestellte, nach kurzer, schwerer Krankheit im 40. Lebensjahr verstorben ist. Frau S. war über 11 Jahre in unserem Unternehmen beschäftigt und erwarb sich in dieser Zeit allgemeine Anerkennung und Wertschätzung. Wir werden ihr ein ehrendes Andenken bewahren. Das Begräbnis findet am Samstag, dem 29.10. um 14 Uhr in L. statt. Die Mitarbeiter der Firma, die Geschäftsleitung, die Direktion."*
Soweit diese Anzeige. Sicherlich, ein schweres Schicksal, im 40. Lebensjahr zu sterben, aber es kommt vor und nichts macht mich stutzig an dieser Anzeige, ich hätte sie mir nicht merken brauchen, wenn, ja, wenn nicht einige Tage später wieder so ein schwarzumrandeter Text in der Zeitung stünde, und der sich seltsamerweise wieder mit dieser verstorbenen Frau Annemarie S. befasst. Ich darf auch diesen Text verlautbaren:
Da steht schwarz auf weiß:
*„Widerruf! Bei der am 29.10. erschienenen Parte Annemarie S. handelt es sich leider um einen üblen, ins Kriminelle gehenden Scherz. Die Firma B. hat diese Parte nicht aufgegeben und distanziert sich in jeder Form von deren Inhalt. Frau S. erfreut sich bester Gesundheit und ist auch weiterhin bei unserer Firma beschäftigt. Die Geschäftsleitung".*
Nun, was sagt man denn dazu! Als erstes sage ich dazu, dass sich die Frau S. wohl sehr seltsam gefühlt haben muss, wie sie da die Nachricht über ihren eigenen Tod in der Zeitung gelesen hat. Vielleicht hat sie sich auch ein bisschen gefreut, dass sie so eine tüchtige und wertvolle Mitarbeiterin gewesen ist. Denn falls sie wirklich gestorben wäre, hätte sie ja von diesem Lob nichts mehr gehabt. Als nächstes aber denke ich mir, dass diese widerrufene Todesanzeige ganz gut zu unserem Allerseelenfest passt und uns ein wenig Anlass zum Nachdenken geben könnte. Denn wir alle haben in unserem Leben schon unzählige Todesnachrichten erfahren, die meisten haben uns erschüttert, bei einigen haben wir erleichtert gedacht: Na endlich. Endlich erlöst. Vielleicht ist manche Trauer oft trostlos gewesen und ohne Hoffnung, vielleicht hat sich manche Lücke, manche Wunde, bis heute noch nicht geschlossen. Wäre es nicht unglaublich erfreulich, wenn nach manchen Todesfällen schwarz auf weiß in der Zeitung stehen würde: „Widerruf, der Tod hat nicht stattgefunden, der vermeintlich Verstorbene erfreut sich bester Gesundheit?"
Und doch, und wir dürfen es glauben und ernstnehmen, es gibt auf jeden Todesfall einen Widerruf, eine Entgegnung, einen erfolgreichen Protest, nur dass er nicht in der Zeitung steht. Denn unser Herr Jesus Christus hat ein für alle Mal auf alle Todesanzeigen der Welt zwar unsichtbar, aber doch gültig, draufgeschrieben: Widerruf! Und das ist Gottseidank kein übler, ins Kriminelle gehender Scherz, wie im Fall der Frau S., sondern das ist Tatsache. Wir dürfen es glauben, dass sich jeder unserer Verstorbenen, die da draußen auf unserem Friedhof begraben liegen, bester Gesundheit erfreut, einer solchen Gesundheit, dass wir sie uns überhaupt nicht vorstellen können. Hat doch unser Herr Jesus Christus gesagt: „Ich bin gekommen, dass sie das Leben haben, und es in Fülle haben." Auf dieser Welt haben wir ja niemals das Leben in Fülle, alles ist bedroht von Unvollkommenheit, alles wird angenagt vom Zahn der Zeit, alles ist vorläufig. Hie und da blitzt in einem Erlebnis ein Schimmer der Ewigkeit auf, aber wir können ihn nicht ergreifen und festhalten. Unser Körper ist nicht gemacht für diese göttliche Zeitlosigkeit, unsere irdischen Augen halten das göttliche Licht nicht aus, unsere Ohren sind zu taub für jene Musik, und unser Magen zu klein für jenes himmlische Hochzeitsmahl. Keiner von uns erfreut sich wirklich bester Gesundheit.

Bester, leiblicher und seelischer und alles umfassender Gesundheit erfreuen wir uns erst, wenn uns jenes Leben in Fülle dargereicht wird.
Nach diesem Leben in Fülle dürfen und müssen wir uns jetzt schon ausstrecken, damit unser Inneres groß und weit wird für das, was Gott uns bereitet. Wer immer nur kleinkarierten Gedanken und kurzfristigen Vergnügungen nacheilt, wer nur in Zahlen denkt und nicht weiter sieht als bis zum morgigen Tag, der wird zu eng und zu klein für die Größe und Weite des Reiches Gottes.
So darf ich mir und euch am heutigen Allerseelentag wünschen, dass über allem menschlichen Sterben, über allem menschlichem Abschied nehmen müssen jener machtvolle göttliche Widerruf geschrieben steht. Und dieser göttliche Widerruf allen Todes hat einen Namen, den Namen Jesus Christus. Er ist die einzige Hoffnung, die uns noch bleibt an den Gräbern, wo sonst aller menschliche Trost versagt, wo alles nur mehr einen dicken, schwarzen Rand hat. An ihm dürfen wir uns festhalten und darauf vertrauen, dass letztlich jede Todesanzeige eine Lebensanzeige ist.

Printed by Books on Demand GmbH, Norderstedt / Germany